Le contre-transfert d'hier à aujourd'hui

DÉBATS EN PSYCHANALYSE

DIRECTRICE : ISABELLE MARTIN-KAMIENIAK
– FONDATEUR : CLAUDE LE GUEN

Le contre-transfert d'hier à aujourd'hui

SOUS LA DIRECTION DE

DOMINIQUE BOURDIN, FRANÇOISE COINTOT, CLAIRE MAURICE

AVEC LES CONTRIBUTIONS DE

THIERRY BOKANOWSKI, EMMANUELLE CHERVET,
CLAIRE CUBELLS-SEIBERT, CATHERINE DEJEAN,
CHRISTIAN DELOURMEL, PAUL DENIS,
MARIE-FRANCE DISPAUX-DUCLOUX, GILBERT DIATKINE,
JEAN-DAMIEN HURET, MARTIN JOUBERT, LAURA KLEINERMANN,
MICHEL NEYRAUT, SYLVIE PONS-NICOLAS, ELLEN SPARER

puf

ISBN : 978-2-13-086331-1
Dépôt légal – 1re édition : juin 2024

170 bis, boulevard du Montparnasse, 75014 Paris

Sommaire

Introduction Le contre-transfert, d'hier à aujourd'hui

Dominique Bourdin[1], Françoise Cointot[2],
Claire Maurice[3]

Le transfert (*Übertragung*) est en psychanalyse un déplacement sur la personne du psychanalyste de sentiments, de désirs, voire de modalités relationnelles vécus vis-à-vis d'une personne antérieurement connue (Freud, 1905, p. 86-87). Les mouvements transférentiels, expressions pulsionnelles révélées par l'analyse, sont ainsi de nouvelles éditions, des copies de tendances ou de fantasmes (*ibid.*) qui sont la répétition de prototypes infantiles, revécus avec un vif sentiment d'actualité.

1. Psychanalyste, membre de la Société psychanalytique de Paris (SPP), agrégée de philosophie, docteure en psychopathologie fondamentale.

2. Pédopsychiatre, psychanalyste d'enfants et d'adultes, membre titulaire formateur de la SPP, membre de la Société européenne pour la psychanalyse de l'enfant et de l'adolescent (SEPEA), psychosomaticienne.

3. Psychanalyste, membre titulaire de la SPP.

ÉMERGENCE DE LA NOTION DE CONTRE-TRANSFERT

Si le transfert consiste en la réémergence de sentiments et de fantasmes infantiles déplacés sur la personne de l'analyste, il est logique de se demander quel est l'effet sur cet analyste de ce qui est ainsi transféré sur lui : la question du contre-transfert (*Gegenübertragung*) est consubstantielle à celle du transfert.

Certes, on ne peut prendre appui sur le récit selon lequel Breuer aurait pris peur devant une crise hystérique d'Anna O figurant une grossesse fantasmatique dont elle lui aurait attribué la paternité. La fuite éperdue de Breuer emmenant ensuite sa femme en voyage en Italie est une légende, comme le souligne Borch-Jacobsen (2011, p. 15-16). Mais celle-ci rend manifeste que la prise en compte d'un contre-transfert est quasiment contemporaine de l'interrogation sur le transfert. D'ailleurs Freud sera vite amené à intervenir comme arbitre entre Jung et Sabina Spielrein, après que Jung s'était laissé séduire et ait ensuite eu recours à un Freud soucieux de ménager son collègue – même si Sabina Spielrein avait elle aussi fait appel à Freud (Carotenuto et Trombetta, 2004). Le texte technique de Freud sur « La dynamique du transfert » (1912) et les « Conseils aux médecins » (1913) en sont sans doute un écho.

Une des thèses essentielles de l'ouvrage de Michel Neyraut intitulé *Le Transfert* (1974) est bien la précession du contre-transfert (auquel est consacré le premier chapitre) sur le transfert : par son offre d'analyse, le psychanalyste incite le patient au transfert et le désir de l'analyste qui est qu'une analyse puisse avoir lieu (Lacan, 1961) joue ainsi un rôle décisif dans l'émergence d'un transfert. Transfert comme contre-transfert sont à distinguer des attitudes conscientes du patient envers son analyste comme de l'analyste envers son patient (contre-attitudes) ; il faut que s'installe le processus analytique pour que le transfert s'y organise.

Freud parle de contre-transfert dès les années 1910, à la suite des transgressions de ses disciples Ferenczi et Jung ; le contre-transfert, inconscient, est un obstacle à la cure ; il doit être reconnu, puis surmonté. Pour cela, il convient d'analyser ses propres rêves, de faire une analyse personnelle, d'éviter de mettre en jeu sa propre individualité. Il faut donc être capable d'une auto-analyse permanente. Élément essentiel de la capacité à pratiquer des analyses, l'analyse du contre-transfert suppose ainsi une connaissance suffisante de son propre fonctionnement psychique.

Dès 1912, Freud élargit sa conception du contre-transfert. Le fonctionnement psychique de l'analyste en séance est un indicateur pour comprendre le fonctionnement inconscient du patient ; le contre-transfert est donc décisif dans la technique psychanalytique. En 1915, dans ses « Observations sur l'amour de transfert » (1915), Freud note les effets pénibles du contre-transfert pour l'analyste.

INSISTANCE DES POSTFREUDIENS

Au cours des décennies qui ont suivi la mort de Freud, l'insistance des postfreudiens sur le contre-transfert s'est beaucoup développée. En témoignent les travaux de Paula Heimann (1950,1960), pour qui le contre-transfert, réponse émotionnelle de l'analyste au transfert du patient n'est pas un obstacle rencontré dans l'analyse, mais un outil pour celle-ci ; comme ceux de Heinrich Racker (1952, 2000) : nier le contre-transfert serait nier que l'analyste ait un inconscient ; analyser son contre-transfert, c'est faire avancer la cure. Le contre-transfert est ainsi un outil de la connaissance de l'inconscient du patient.

Dans les multiples débats autour du contre-transfert, et dans sa prise en compte dans les comptes rendus cliniques, on perçoit cependant le risque d'une dérive : considérer comme contre-transfert l'ensemble des mouvements affectifs de l'analyste envers son patient, y compris les attitudes conscientes, et y voir le moteur principal de la compréhension de l'avancée d'une cure, c'est gommer tout ce qui pourrait être une résistance de la part de l'analyste, pour ne voir que ses réactions devenues conscientes. Finalement, l'analyste pourrait ne parler que de lui-même au contact de son patient, aux dépens de la représentation et de la prise en compte du fonctionnement psychique de son patient lui-même…

Comment déterminer ce qui relève du contre-transfert ? Peut-on remédier aux limites éventuelles de la prise de conscience de l'analyste ?

MULTIPLES RAMIFICATIONS PARFOIS INDIRECTES DU CONTRE-TRANSFERT

Outre les auteurs qui ont directement pris le contre-transfert comme objet de leur étude, la réflexion sur le contre-transfert imprègne un grand nombre de recherches psychanalytiques.

Rappelons que, selon Melanie Klein, la capacité d'identification et d'implication de l'analyste est constitutive du contre-transfert, tandis que Winnicott souligne (1947) que l'analyste doit pouvoir reconnaître et assumer la haine qu'il éprouve dans sa réponse émotionnelle au patient. La situation analytique est ainsi un champ transféro-contre-transférentiel, selon Madeleine et Willy Baranger.

Maurice Bouvet (1958, p. 252) note que le contre-transfert ne manque jamais, qu'il soit adéquat ou non. Son importance est capitale, car « dans la relation analytique des réactions de transfert peuvent être sans cesse induites par des mouvements de contre-transfert». Il rappelle la fameuse phrase de Nacht : ce qui compte chez l'analyste, c'est moins ce qu'il dit que ce qu'il «est», c'est-à-dire que ce qui compte réside dans sa capacité d'identification passive au patient (1958, p. 252). Sans une bonne analyse de l'analyste ni un bon cadre, sans des interprétations, mutatives au sens de Strachey (1970, p. 48), il n'y a pas de possibilité d'exercer son métier d'analyste, de mettre au jour le refoulé, et de réintégrer le clivé. En 2004, Jorge Canestri considère que les invariants du processus analytique comportent le contre-transfert, les théories implicites privées et inconscientes chez l'analysant et l'analyste, et les transformations induites sur le modèle d'«attracteurs étranges» à l'origine de désorganisations, réorganisations, et auto-organisation.

Louise de Urtubey (2002) parle de contre-transfert d'accueil, incluant idées, fantasmes et affects liés les uns aux autres en des mouvements dynamiques correspondant à ceux des transferts du patient. Chez elle la compréhension du patient sous-entend une capacité de l'analyste à régresser avec lui. Elle oppose le transfert et le contre-transfert positifs conduisant à lier le présent avec le passé et le transfert et le contre-transfert négatifs déliant, cherchant à détruire. Elle pense aussi que l'identification au contre-transfert de l'analyste est essentielle, et repose sur une communication inconsciente notamment d'affects, sans doute aussi de fantasmes, ceux-ci déduits des interprétations reçues.

Liliane Abensour (2006, p. 407) propose deux types de contre-transfert. Partant des travaux de Freud à propos de la communication d'inconscient à inconscient en 1923, qui relativise la notion de dissymétrie entre analyste et analysant dans la situation analytique, elle décrit deux types de contre-transferts se combinant dans la relation transféro-contre-transférentielle :

un *contre-transfert indirect*, comme on parle d'éclairage indirect, au spectre large et diffus, plus difficilement saisissable, comprenant la totalité de ce qui est reçu, ressenti, dans un état d'« attention flottante », en réponse à l'analysé, et un *contre-transfert direct*, au sens plus restrictif que le précèdent, qui, en réponse au transfert du patient, rencontre l'expérience transférentielle passée de l'analyste, considérée comme une expérience originale, originelle, dans laquelle puiser, qui le renvoie à sa propre histoire en ses multiples facettes. D'une part, l'ensemble de tout ce qui chemine dans l'esprit de l'analyste en lien avec le patient, à différents niveaux de son monde psychique, une sorte de transfert différé, d'autre part, correspondant plus justement au terme de contre-transfert, une réponse au transfert du patient, qui touche à l'histoire analytique de l'analyste.

On peut aisément montrer comme une manifestation du contre-transfert la notion d'affect partagé de Catherine Parat, où s'opère « une identification profonde à des mouvements qui permettront la formulation d'interprétations profondes et aussi l'édification de constructions en utilisant les matériaux sensibles perçus au niveau de ses propres vécus en résonance avec les émois de l'autre » (Parat, 2013, p. 169). Pour André Green (1975),

> l'émergence de la pathologie des états-limites ne conduit pas à une révision de la théorie psychanalytique classique, ni à un changement de la technique par l'introduction de nouveaux paramètres, mais à une évolution de l'une et de l'autre. Le changement le plus important se produit à l'intérieur de l'analyste lui-même ; il ne s'agit pas d'une simple extension de la notion de contre-transfert, mais d'une modification du fonctionnement psychique de l'analyste en séance. […] Ce sont alors les fonctions psychiques de l'analyste qui deviennent essentielles pour lier processus primaires et secondaires en carence de capacité de liaison et de mise en sens chez le patient grâce aux processus dits tertiaires.

Le travail de figurabilité de l'analyste – rendu possible par la régression formelle de l'analyste en séance, que décrivent César et Sara Botella (2007) – comme la formation de la chimère des inconscients mise en évidence par Michel de M'Uzan (1994 et 2008) permettent de souligner la fécondité clinique des réflexions sur certaines manifestations du contre-transfert.

La psychanalyse britannique n'est pas en reste dans son élaboration de la notion de contre-transfert. Ainsi, Michael Parsons (2006, p. 392) va au-delà de la description d'un contre-transfert de l'analyste à l'égard du patient, il parle aussi de contre-transfert sur le processus psychanalytique :

> Je parle de « contre-transfert sur le processus psychanalytique » de façon à les appliquer tous deux, non pas seulement à ce qui se passe avec un patient, mais aussi à la relation de l'analyste au processus de la psychanalyse lui-même, ces deux types de contre-transfert n'étant pas séparés, car il ne peut bien entendu y avoir de processus sans un patient.

Il problématise aussi la question de la résistance contre-transférentielle au processus analytique :

> L'écoute librement associative éveille nécessairement des résonances au-delà de l'esprit préconscient de l'analyste et amène des souvenirs, des pensées et des sentiments chargés de conflit et d'anxiété. Cela lui demande un travail psychique et cela fait partie de son travail d'analyste d'en être capable (*ibid.*, p. 391).

COMMENT PENSER LE CONTRE-TRANSFERT ?

Le concept de contre-transfert contribue à marquer les différences, voire les points de rupture, entre écoles psychanalytiques ; en particulier certaines écoles héritières de Lacan le nient, ou le jugent confus, fourre-tout de trop d'éléments, alors que d'autres en exigent le dévoilement, comme le met en évidence Paul Denis dans *Rives et dérives du contre-transfert* (2010). Dans cet ouvrage dense et rigoureux, Paul Denis retrace l'histoire des théorisations psychanalytiques de cet « incontournable contre-transfert[1] ». Il y ajoute une réflexion personnelle sur l'investissement de l'analyste, envisagé dans ses dimensions libidinales et son risque d'emprise. Le contre-transfert est finalement la condition du transfert, et sa spécificité est que l'analyste doit se comporter en « anti-objet », « c'est-à-dire ne pas laisser se fixer sur lui une configuration relationnelle stable qui arrêterait le mouvement transférentiel et par conséquent le processus analytique » (2010, p. 31). Il lui faut donc éviter toute confusion entre l'investissement transférentiel de son personnage et celui de sa personne, et déplacer son propre investissement de la personne de son patient au fonctionnement psychique de celui-ci, élément central et actif du contre-transfert au service d'une attitude d'accueil à l'expression de l'inconscient du patient.

Au contre-transfert se réfère la situation analytique, dans laquelle, pour les uns, le contre-transfert est utilisé comme outil technique de la cure (Baranger et Baranger, 1985), l'attention portée à la posture psychique de l'analyste, « sans désir, sans mémoire et sans compréhension » (Bion, 1962), dans laquelle, pour d'autres, le contre-transfert est garant de la qualité du travail de la cure selon la sensibilité de l'analyste (Laplanche, 1987), ainsi que la notion d'objet transformationnel selon Christopher Bolas (1979). Notons que la notion de contre-transfert maintient la dissymétrie entre analyste et patient, tout en soulignant leur interaction. Au contraire, la psychanalyse dite interrelationnelle d'origine

1. De larges extraits de ce chapitre sont reproduits dans ce volume.

nord-américaine, avec le courant de « *Self Disclosure* » ou d'« ouverture personnelle » (Renik, 1998), fonde la situation analytique sur la symétrie dans la relation entre analysant et analyste et la rectification du transfert par le recours à la réalité de l'analyste, ce qui nous situe dans un registre éducatif, qui a renoncé à la métapsychologie freudienne.

Selon Serge Viderman, transfert et contre-transfert sont comme « deux phares tournant en sens inverse et dont les feux se coupent périodiquement ». C'est lorsqu'ils « s'entre-croisent que se situent les moments de la plus grande brillance. Moments privilégiés où fulgure la vérité de l'interprétation » (1982, p. 52).

La notion de contre-transfert donne donc lieu à une multiplicité d'études et de perspectives. C'est ce que souligne la construction de ce volume : après un texte de référence de Michel Neyraut, une première partie rassemble des chapitres qui présentent des réflexions sur le contre-transfert « ici et ailleurs », tandis que la seconde s'attache à la mise en évidence de « reflets cliniques » permettant de saisir différents enjeux du contre-transfert.

RÉFÉRENCES BIBLIOGRAPHIQUES

Abensour L. (2006), « La brillance du contre-transfert », *Revue française de psychanalyse*, LXX/2, p. 405-413.

Baranger W. et Baranger M. (1985), « La situation analytique comme champ dynamique », trad. fr. De Urtubey, *Revue française de psychanalyse*, XLIX/6, p. 1543-1571.

Bion W. R. (1962), *Aux sources de l'expérience*, Paris, Puf, « Bibliothèque de psychanalyse ».

Bolas C. (1979), « The Transformationnel Object », *International Journal of Psychoanalysis*, 60, p. 97-107.

Borch Jacobsen M. (2011), *Les Patients de Freud : destins*, Auxerre, Sciences humaines Éditions.

Botella C. et Botella S. (2007), *La Figurabilité psychique*, Paris, In Press.

Bouvet M. (1958/2007), *La Cure psychanalytique classique*, Paris, Puf.

Canestri J. (2004), « Le concept de processus analytique et le travail de transformation », *Revue française de psychanalyse*, LXVIII/5, p. 1495-1541.

Carotenuto A., Trombetta C. (2004), *Sabina Spielrein. Entre Freud et Jung*, Paris, Aubier Montaigne.

Denis P. (2010), *Rives et dérives du contre-transfert*, Paris, Puf, « Le Fil rouge ».

De Urtubey L. (2002), « Aux sources de l'interprétation : le contre-transfert et sa capacité de liaison créatrice », *Revue française de psychanalyse*, LXVI/5, p. 1647-1651.

Etchegoyen R. H. (1986), *Fondements de la technique psychanalytique*, Paris, Hermann.

Ferenczi S. (1928/1974), « L'élasticité de la technique psychanalytique », trad. fr. De Saussure, *Revue française de psychanalyse*, XXXVIII/4.

Freud S. (1905/1977), « Fragment d'une analyse d'hystérie », *Cinq psychanalyses*, Paris, Puf.

Freud S. (1910/1993), « Perspectives de la thérapeutique psychanalytique », *OCF.P*, X, Paris, Puf.

Freud S. (1912/1998), « Conseils aux médecins sur le traitement psychanalytique », *OCF.P.*, XI, Paris, Puf,

Freud S. (1915/1953), « Observations sur l'amour de transfert », dans *La Technique psychanalytique*, Paris, Puf.

Green A. (1975), « L'analyste, la symbolisation et l'absence dans le cadre analytique. Sur les changements dans la pratique et dans l'expérience analytique. En mémoire de D. W. Winnicott », 29e congrès de l'API.

Heimann P. (1950), « On Countertransference », *International Journal of Psychoanalysis*, 31, p. 81-84.

Laplanche J. (1987), *La Séduction originaire. Nouveaux fondements pour la psychanalyse*, Paris, Puf, « Quadrige ».

Laplanche J. (1992), « La provocation du transfert », dans *Le primat de l'autre en psychanalyse*, Paris, Flammarion, « Champs ».

M'Uzan M. de (1994), *La Bouche de l'inconscient*, Paris, Gallimard.
M'Uzan M. de (2008), *La Chimère des inconscients*, Paris, Puf, « Petite Bibliothèque de psychanalyse ».
Neyraut M. (1974), « Contre-transfert et métapsychologie ou le recours à la sorcière », dans *Le Transfert*, Paris, Puf, « Le Fil rouge ».
Parat C. (2013), « L'affect partagé », *Revue française de psychosomatique*, 2/44.
Parsons M. (2006), « Le contre-transfert de l'analyste sur le processus psychanalytique », *Revue française de psychanalyse*, LXX/2.
Racker H. (1953), « A Contribution to the Problem of Countertransference », *International Journal of Psychoanalysis*, 34.
Renik O. (1998), « The Analyst's Subjectivity and the Analyst's Objectivity », *International Journal of Psychoanalysis*, 79/3.
Strachey J. (1970/1999), « La nature de l'action thérapeutique en psychanalyse », *Interprétation*, 1, *Un processus mutatif*, Paris, Puf, « Monographies de psychanalyse de la Revue française de psychanalyse ».
Vidermann S. (1970/1982), « Le rôle du contre-transfert », dans *La Construction de l'espace analytique*, Paris, Denoël.
Winnicott D. W. (1969), « La haine dans le contre-transfert », dans *De la pédiatrie à la psychanalyse*, Paris, Payot.

Textes historiques

LE TRANSFERT

Dans son ouvrage princeps de 1974, *Le Transfert*, Michel Neyraut souligne que par son offre d'analyse, à laquelle s'ajoutent les projections initiales du patient, le contre-transfert précède le transfert, car la situation transférentielle s'instaure avant l'analyse proprement dite.

Le Transfert *(extrait)*[1]

Michel NEYRAUT

On peut même avancer que la situation transférentielle s'instaure avant l'analyse proprement dite, de même que la situation contre-transférentielle d'ailleurs. Les on-dit qui précèdent l'analyste et sa réputation, ou l'analysé et sa réputation, les interférences qui s'établissent entre les patients en traitement chez le même analyste, les relations qui s'établissent entre les psychanalystes eux-mêmes, les indications de traitement, les conseils, le fait essentiel que tel patient soit adressé par tel analyste chez tel autre, ou recommandé par tel patient, etc. Tous ces faits, qui d'ailleurs pourraient faire l'objet d'une étude scientifique, sont d'une énorme

1. M. Neyraut, *Le Transfert*, Paris Puf, « Le Fil rouge », 1974, p. 78-82.

importance dans la constitution du complexe transfert-contre-transfert et sont de nature à lui conférer un développement très précoce.

Ceci dit, il reste vrai que les circonstances antérieures à l'analyse ne viendront à jour la plupart du temps qu'après de longs mois d'analyse et qu'elles peuvent être recouvertes par toute autre manifestation propre à les dissimuler.

Mais la question n'est pas tant de l'antériorité que de la nature du transfert, en ce sens que ce qui est déplacé sur l'analyste ou sur le patient par l'effet du transfert et du contre-transfert inconscients ne se limite pas à des motions pulsionnelles ou des conflits objectaux dissécables par un scalpel métapsychologique, mais bien plutôt déplace des plans entiers de situations conflictuelles, de fantasmes, de souvenirs, d'idées qui témoignent d'intrications complexes et englobent dans leur déplacement aussi bien des temps narcissiques qu'objectaux.

Les figures historiques qui supportent ces déplacements et sont transférées sur le thérapeute témoignent d'ailleurs par leurs contradictions internes de la complexité des éléments déplacés. Dans la *Métapsychologie,* Freud souligne l'ambiguïté et l'intrication des positions narcissiques et objectales. « De fait l'état originaire narcissique ne pourrait connaître ce développement si chaque être individuel ne passait par une période de détresse et de soins, pendant laquelle les besoins pressants sont satisfaits par l'intervention de l'extérieur et ainsi préservés de tout développement[1]. »

Cette assertion, qui fait suite d'ailleurs à celle plus métaphysique du début de la *Métapsychologie,* « plaçons-nous dans la situation d'un être vivant qui se trouve dans une

1. *Métapsychologie,* p. 37.

détresse presque totale[1] », lie irrévocablement cette situation de détresse à celle du comblement des besoins, sinon de satisfaction des désirs, et intègre la nécessité d'une présence tutélaire, c'est dire au moins d'un pare-excitation extérieur.

Dès lors la régression au narcissisme, fût-il le plus primitif, comporte en soi les germes d'une contradiction interne. Puisque cet état ne peut se concevoir qu'à l'abri d'un pare-excitation qui crée un état de dépendance, il participe donc d'une situation instable.

Cette instabilité essentielle provient du fait que c'est le pare-excitation lui-même, c'est-à-dire la présence tutélaire, qui fait l'objet des premières excitations pulsionnelles ou les provoque, précisément par les soins qu'il prodigue.

Ce n'est que par un refoulement primitif très intense que l'être ainsi voué aux soins et à la détresse peut détourner de son « protecteur » les motions pulsionnelles qui nécessairement lui sont adressées – que lesdites motions soient d'ailleurs de nature primitivement ou secondairement agressive, primitivement ou secondairement libidinale.

C'est donc en raison même du fait qu'elle constitue un pare-excitation que la présence tutélaire devient l'objet d'une motion pulsionnelle, car si elle se constitue comme pare-excitation c'est qu'elle a déjà été séduite et qu'elle exerce une séduction.

Le seul fait de prendre soin ou de protéger constitue à lui seul la base d'un choix objectal que Freud décrit comme anaclitique. Mais ce choix est double, car si le fait de protéger ou de prendre soin attire les pulsions objectales, ce soin et cette protection sont eux-mêmes consécutifs à une séduction (l'auto-érotisme et la séduction sont inextricables).

1. *Ibid.*, p. 14.

Si l'enfant est protégé, c'est en raison de la séduction qu'il exerce, que cette séduction soit elle-même de nature narcissique ne change rien à l'affaire et renforce plutôt l'idée que le pare-excitation joue ce rôle ; non seulement vis-à-vis des excitations extérieures, mais de celles qui proviennent de lui-même.

C'est en suspendant pour un temps ses propres motions pulsionnelles à l'égard de l'enfant que le pare-excitation parvient à l'endormir. (De toute façon, par la constance de la pulsion et la périodicité du besoin, cet état est précaire.) Cette situation trouve évidemment un écho et même se constitue comme répétition de ce premier événement dans la situation analytique.

Mais il faut concevoir que le contre-transfert peut jouer, mais en quelque sorte trop tard, le rôle de pare-excitation en essayant de s'opposer aux manifestations du transfert, révélatrices de motions pulsionnelles objectales – ce fait tend à confirmer la nécessité de concevoir l'ensemble de la situation analytique dans une même théorie énergétique – de ce point de vue et de ce point de vue seulement, on peut concevoir qu'il s'établit un équilibre énergétique inconscient qui règle le taux global des excitations tolérables d'une séance. Les acting-out sont aussi bien concevables du côté de l'analyste que du côté du patient, et constituent des sortes de décharges qui ne soulagent pas forcément celui qui en est l'auteur.

De ce point de vue seulement, le contre-transfert peut être conçu comme pare-excitation. Il peut être aussi bien antérieur aux sollicitations pulsionnelles révélées par le transfert que consécutif. Il est le plus souvent consécutif et déclenché par les manifestations transférentielles.

La précocité des manifestations transférentielles et contre-transférentielles, voire leur antériorité par rapport à l'analyse, ainsi que l'intrication précoce des motions narcissiques et objectales – due à l'ambiguïté de la situation de « soin et de détresse » – rendent difficilement concevable une opposition narcissisme-transfert.

Si l'opposition narcissisme-conflit objectal garde toute sa valeur, il semble impossible de superposer transfert et conflit objectal, pour la raison que les déplacements opérés dans le transfert débordent par leur contenu et leur nature les seules motions pulsionnelles considérées. D'autre part, et comme nous le verrons plus loin, le transfert ne peut s'assimiler purement et simplement aux éléments qu'il déplace sauf à réifier la situation analytique. L'ensemble de ces considérations nous a montré la nécessité de lier plus intimement qu'il n'est coutume transfert et contre-transfert. Ce lien n'est rendu possible que par la similitude de leur nature et leur origine inconsciente commune. Il ne faudrait pas en conclure qu'il s'agit d'un seul et même phénomène qui s'appuierait tantôt sur le fauteuil, tantôt sur le divan, mais que précisément le lieu d'où il est énoncé change sa nature même, et ne peut être assimilé à ce qui résulterait d'une situation analytique imaginaire où le patient et l'analyste seraient allongés tête-bêche chacun sur un divan.

La situation analytique instaure par la règle fondamentale un déséquilibre essentiel, sans même faire intervenir les prescriptions techniques limitant l'action de l'analyste. Ce déséquilibre est loin de se limiter au champ du transfert-contre-transfert. Mais dans ce domaine qui nous intéresse plus particulièrement, il impose dans le mouvement des excitations pulsionnelles et de leur expression une inégalité foncière qui institue le contre-transfert comme s'opposant énergiquement au transfert et crée par le seul fait de l'écoute une situation vectorisée, qui nécessairement renvoie aux situations infantiles primitives.

Nous avons vu que dans les psychothérapies de psychotiques ne s'effectuant pas selon le protocole analytique strict, la différence et l'opposition thérapeute-patient deviennent plus fragiles et perdent leurs vectorisation, elles autorisent alors une intrication transfert-contre-transfert plus serrée.

La différence essentielle engendrée par la règle fondamentale s'exprime évidemment dans l'inégalité quantitative du discours, encore que le bénéfice de cure entièrement muette soit affirmé par presque tous les auteurs. Néanmoins, cette inégalité souligne encore s'il en était besoin la difficulté que rencontre le processus analytique dans l'opposition conscient-rationnel-intellectuel et primaire-inconscient-résistance.

Opposition très dessinée chez Freud. Il est évident que ce processus ne peut se décrire dans la dimension de cette seule opposition, et que le champ transférentiel mobilise de part et d'autre des représentations inconscientes beaucoup plus vastes.

Paul Denis, dans son ouvrage, *Rives et dérives du contre-transfert*, reprend le concept de contre-transfert depuis son origine et en dresse les aléas et les mésusages. Condition du transfert, le contre-transfert suppose que l'analyste évite toute confusion entre l'investissement transférentiel de son personnage et celui de sa personne, et déplace son propre investissement de la personne de son patient au fonctionnement psychique de celui-ci. L'analyste s'expose et se dérobe à la fois.

Incontournable contre-transfert (extraits)[1]

Paul DENIS

> Nous nous abusons nous-même si nous pensons que nous échappons au contre-transfert.
>
> Ella Sharpe

Pourrait-on dire que le contre-transfert est le reflet du patient dans l'âme du psychanalyste ? Le rôle de miroir du psychanalyste est en tout cas en cause dans la question du

1. P. Denis, « Incontournable contre-transfert », dans *Rives et dérives du contre-transfert*, Paris, Puf, « Le Fil rouge », 2010, p. 1-33.

contre-transfert et ce qu'il réfléchit du patient, grandement dépendant de la couleur de son tain[1].

En tout état de cause, la prise en compte du contre-transfert est devenue, avec le temps, l'élément central de la conduite de la cure psychanalytique, au point de constituer actuellement ce qui différencie la pratique psychanalytique traditionnelle – celle qui s'inscrit sans rupture dans la continuité de la pratique développée à partir de celle de Freud – et les formes d'« analyses » qui s'en éloignent au point de constituer des pratiques si différentes que le terme de « psychanalyse » ne peut plus guère s'appliquer à leur sujet. Cela a été autrefois le cas du jungisme et c'est aujourd'hui celui de nombreuses pratiques qui se réclament de la psychanalyse mais en diffèrent autant que « la craie du fromage » – pour reprendre ici l'expression de Glover.

Dans « La direction de la cure et les principes de son pouvoir », publié en 1961, Lacan souligne, dès le premier paragraphe, ce qu'il appelle l'« impropriété conceptuelle » de la notion de contre-transfert, balayant d'un revers de main toute influence de la personne de l'analyste. Tout son article se déroulera sous le signe d'une démonstration de l'indépendance du déroulement de l'analyse par rapport au psychisme de l'analyste. C'est pourquoi rien ne l'irrite plus que le propos de Sacha Nacht selon lequel « ce n'est pas tant ce que l'analyste dit ou fait » qui compte « mais ce qu'il est ». Pour Lacan, à l'évidence, l'analyste doit être au-dessus de ça. « [...] Ce qu'il y a de certain, c'est que les sentiments de l'analyste n'ont qu'une place possible dans ce jeu [le jeu de l'analyse], celle du mort ; et qu'à le ranimer, le jeu se poursuive sans qu'on sache qui le conduit. » En somme tout vient du patient. Aujourd'hui les positions de Jacques Alain Miller sur ce point sont plus

1. « L'homme dépend très étroitement de son reflet dans l'âme d'autrui, cette âme fût-elle celle d'un crétin », W. Gombrowicz.

radicales encore que celles de Lacan : « Si l'on cherche ce qui sépare les lacaniens et les autres on trouve ceci : le maniement du contre-transfert est absent de la pratique analytique d'orientation lacanienne, il n'y est pas thématisé et cela est cohérent avec la pratique lacanienne de la séance brève comme avec les doctrines lacaniennes de l'inconscient » ; l'attention portée par l'analyste au contre-transfert est non seulement suspecte – « la durée de la séance est comme amputée du temps d'auto-analyse prélevé sur elle » – mais constitue un « obstacle épistémologique à l'élaboration clinique du cas » et doit donc être considérée comme un manquement à l'éthique.

D'un côté, donc, analyser le contre-transfert est une faute éthique ; de l'autre, l'analyse du contre-transfert est une exigence de tous les instants.

La position de Lacan selon laquelle à « ranimer » le jeu des sentiments de l'analyste « on ne sache plus qui conduit le jeu » de l'analyse, est, en fait, une transposition à usage personnel des premières formulations concernant le contre-transfert, conçu au début comme un obstacle à la cure.

La première apparition du terme sous la plume de Freud se trouve dans une lettre à Jung qui lui a appris, par télégramme, qu'il avait eu des relations sexuelles avec sa patiente Sabina Spielrein. Freud se montre particulièrement indulgent et fait porter la responsabilité de l'affaire sur le comportement séducteur féminin :

> De telles expériences, bien que douloureuses, sont nécessaires et difficiles à éviter. Sans elles nous ne connaîtrions pas réellement la vie et ce que nous faisons. En ce qui me concerne, je ne m'y suis jamais fait prendre aussi gravement mais j'en ai été très près à plusieurs reprises et n'y ai échappé que de peu[1]. Je crois que ce sont les tristes

1. Freud écrit, en anglais dans le texte : « *a narrow escape* ».

> nécessités de la vie qui pesaient sur mon travail, et le fait que j'avais dix ans de plus que vous quand j'en suis venu à l'analyse qui m'ont préservé d'expériences semblables. Mais cela ne laisse pas de blessure durable. Elles nous aident à développer la peau épaisse dont nous avons besoin pour dominer « le contre-transfert », lequel constitue, après tout, un problème permanent pour nous. Elles nous enseignent à placer nos propres affects dans une situation plus avantageuse. C'est un mal pour un bien[1]. La façon dont les femmes s'y prennent pour nous charmer au moyen de toutes les perfections concevables de l'esprit, jusqu'à ce qu'elles atteignent leur but, est l'un des plus grands spectacles de la nature. Une fois le succès obtenu ou que son inverse est devenu certain, la constellation change de façon étonnante[2].

Tout vient du patient, et singulièrement de la patiente, il reste à l'analyste de se cuirasser la peau pour « dominer son contre-transfert » conçu essentiellement comme de l'ordre de la tentation érotique et amoureuse. C'est en fait cette conception qui sous-tend la première apparition officielle du contre-transfert dans la littérature analytique, en 1910, dans « Perspectives d'avenir de la thérapeutique analytique » : « Notre attention s'est portée sur le “contre-transfert” qui s'établit chez le médecin par suite de l'influence qu'exerce le patient sur les sentiments inconscients de son analyste. Nous sommes tout près d'exiger que le médecin reconnaisse et maîtrise en lui-même ce contre-transfert. » Suivent la recommandation d'une analyse de l'analyste – et que celui-ci ne cesse jamais de l'approfondir par l'auto-analyse –, et l'avis selon lequel quiconque ne peut pratiquer une semblable auto-analyse « fera bien de renoncer sans hésitation, à traiter analytiquement des malades ».

1. En anglais dans le texte : « *a blessing in disguise* ».

2. Notre traduction.

Cette définition est toujours la nôtre, mais l'arrière-plan érotique des comportements de Jung (et d'autres…) fait insister Freud sur la « maîtrise » du contre-transfert et sa domination, alors même que sa définition est plus large et porte sur les « sentiments inconscients de l'analyste » plus difficiles à repérer que les sentiments amoureux ou érotiques, fort conscients, soulevés chez l'analyste par la séduction de telle patiente. Et Freud de recommander une attitude analogue à celle du chirurgien :

> Je ne saurais trop instamment recommander à mes collègues de prendre comme modèle, au cours du traitement analytique, le chirurgien. Celui-ci, en effet, laissant de côté toute réaction affective et jusqu'à toute sympathie humaine, ne poursuit qu'un seul but : mener aussi habilement que possible son opération à bien. Dans les conditions actuelles, la tendance affective la plus dangereuse, celle qui menace le plus l'analyste, c'est l'orgueil thérapeutique.

La nécessaire reconnaissance et l'élaboration du contre-transfert dans sa dimension inconsciente, présentes dans la définition de 1910, devront attendre presque quarante ans pour se développer véritablement.

La difficulté à gérer le contre-transfert et ses paradoxes a été admirablement exprimée par Ferenczi dans *Élasticité de la technique psychanalytique* :

> […] On se rend compte à quel point le travail psychique fourni par l'analyste est compliqué, en vérité. On laisse agir sur soi les associations libres du patient et en même temps on laisse sa propre fantaisie jouer avec ce matériel associatif ; entre-temps on compare les connexions nouvelles avec les résultats antérieurs de l'analyse sans négliger, fût-ce un seul instant, la prise en compte et la critique de ses tendances propres.

L'ATTITUDE DE L'ANALYSTE ET LE TRANSFERT

L'idée que tout vient du patient dans le contre-transfert, idée manifeste dans la lettre à Jung que nous venons de citer, n'a pas seulement valeur d'excuse pour les transgressions sexuelles et amoureuses trop nombreuses – et qui font finalement perdre à Freud sa belle indulgence du début – mais constitue le symétrique de la conception selon laquelle le transfert est un phénomène spontané qui se développe chez le patient de façon indépendante par rapport à l'attitude de l'analyste[1]. Bien que Freud ait invoqué la nécessité d'« attacher l'analysé à son traitement et à la personne du praticien », il élimine ou réduit au minimum tout ce qui pourrait constituer une attitude active de l'analyste dans le surgissement du transfert, il écrit en effet :

> Le premier but de l'analyse est d'attacher l'analysé à son traitement et à la personne du praticien. Pour ce faire, laissons agir le temps. Si le médecin témoigne d'un sérieux intérêt à son malade, s'il supprime avec soin les premières résistances qui surgissent et qu'il évite certaines bévues, le malade s'attache de lui-même à l'analyste et le range parmi les imagos de ceux dont il avait accoutumé d'être aimé. L'analyste risquerait de réduire à néant ce premier succès s'il témoignait envers son patient d'autres sentiments que celui d'une sympathie compréhensive…

Freud cherche à distinguer ainsi la pratique de la psychanalyse de celle de l'hypnose et de toutes les formes de suggestion directe. Il soumet cependant l'analyste à une situation paradoxale : faire cohabiter en lui la froideur du chirurgien et « la sympathie compréhensive ». Les discussions actuelles sur

1. Là aussi les positions de Lacan reprennent des conceptions anciennes.

le contre-transfert continuent, du reste, d'opposer ces deux pôles : l'analyste miroir et l'analyste être humain empathique.

Mais l'imposition du cadre, qui remplace l'imposition des mains, représente en fait à elle seule un coup de force, une action de l'analyste, qui provoque le transfert, en particulier dans ses dimensions régressives.

C'est Ida Mac Alpine qui, beaucoup plus tard, développera les conséquences de cet acte inaugural de l'analyste – placer le patient dans la situation analytique – sur les aspects régressifs du déroulement du transfert liés au cadre lui-même : « La technique analytique crée une situation infantile dont la neutralité de l'analyste est seulement un élément parmi d'autres. » Elle reprend pourtant l'essentiel de la perspective classique de Freud et formule ainsi son point de vue :

> La relation transférentielle analytique, à rigoureusement parler, ne doit pas être décrite comme une relation entre l'analysé et l'analyste, mais plus précisément comme la relation de l'analysé à son analyste. L'analyse maintient le patient en situation d'isolement. Dans sa nature essentielle, l'analyse, en opposition à l'hypnose, ne constitue pas une foule à deux. Il ne faut pas nier pour autant que l'analyse est un « travail d'équipe » ; dans cette mesure une relation « objective » existe entre l'analyste et l'analysé. Parce que l'analyste reste en dehors du mouvement régressif, parce que c'est son devoir de se montrer résistant au contre-transfert grâce à sa propre analyse, la suggestion n'a pas de part intrinsèque dans la méthode psychanalytique classique.

Elle tire cependant quelques conséquences sur le contre-transfert des aspects régressifs qu'elle souligne dans la situation analytique :

> L'analyste lui-même est également soumis à la situation infantile dont il fait partie. En fait, la situation infantile

> à laquelle il est exposé contient un facteur infantile plus important encore, l'analysé qui régresse. Le Moi de l'analyste est aussi scindé en une part qui observe et une part qui éprouve. L'analyste a l'expérience de sa minutieuse analyse personnelle et sait ce qui l'attend, et, de surcroît, à l'inverse de son analysé, se trouve dans une situation d'autorité. Alors que c'est le travail de l'analysé que de s'adapter par la régression à la situation infantile, il incombe à l'analyste de résister à une adaptation de cet ordre. Alors que l'analysé doit faire l'expérience du passé et observer le présent, l'analyste doit éprouver le présent et observer le passé ; il doit résister à toute tendance intérieure à la régression. S'il devient la victime de sa propre technique et éprouve le passé au lieu de l'observer, il est sujet à une contre-résistance. Le phénomène du contre-transfert peut être très bien décrit en paraphrasant la formule de Fenichel : l'analyste déforme le passé par référence au présent[1].

La potentialité contre-transférentielle d'une régression est donc bien perçue par Ida Mac Alpine, en particulier l'invitation à la régression constituée par la régression transférentielle de son patient, mais elle reprend à sa manière la conception de Freud : contrôler, maîtriser le contre-transfert. L'importance attachée à l'expérience du présent est dans la ligne des préceptes techniques qui privilégient l'analyse du *hic et nunc* de la séance. [...]

ASPECTS DE L'INVESTISSEMENT DE L'ANALYSTE

Il est curieux que la notion d'investissement ait tenu aussi peu de place dans les considérations des psychanalystes sur

1. La formule de Fenichel décrit le transfert : « *The patient misunderstands the present in terms of the past.* »

le contre-transfert. Pourtant la dimension économique du contre-transfert est évoquée indirectement par Racker, jusque dans ses conséquences psychosomatiques, et l'exigence de Margaret Little d'un « engagement à 100 % » de l'analyste avec ses patients indique bien son importance.

Il arrive qu'un analyste soit malade de l'un de ses patients ; pas seulement fou de l'un de ses patients (ou patiente) mais malade comme l'a rapporté Racker. L'effet traumatique de certains patients ou de certaines séances sur l'analyste se traduit parfois par des somatisations diverses, une fatigue excessive en forme d'épuisement. L'investissement par Winnicott de son patient Masud Kahn était à n'en pas douter considérable, démesuré, ayant entraîné une sorte d'indulgence complice par rapport à des comportements clairement délictueux.

Dans le courant ordinaire de la vie d'un analyste, l'investissement de chaque patient se trouve généralement limité, en quelque sorte, par son partage avec les autres patients. Il est très difficile d'être analyste d'un seul patient ; c'est ce que l'on peut observer dans certaines situations de supervision où le surinvestissement du « cas de supervision », et souvent unique patient, est une gêne considérable pour l'établissement d'un contre-transfert « assez bon », pour paraphraser Winnicott. L'investissement de plusieurs patients simultanément répartit les potentialités de folie de l'analyste sur différents supports possibles, mais surtout permet, par contraste, de mieux percevoir ce qui est propre à chaque patient dans ce qu'il induit chez l'analyste. Une irritation permanente de l'analyste avec tous ses patients lui appartient, une impatience éprouvée uniquement avec tel patient est sans doute le révélateur d'un mouvement particulier de celui-ci, même si c'est par un phénomène de résonance avec un point sensible de l'analyste qu'il apparaît.

L'investissement d'un patient par l'analyste intéresse une situation où de nombreux éléments non spécifiques interviennent : le fait que l'analyste ait besoin de patients pour gagner sa vie – « déjà midi et pas un seul nègre » –, son statut social, ses phobies éventuelles ou son avidité concernant l'argent, le temps consacré à cette activité, le fait d'être enfermé toute la journée, d'être observé par ses patients, le souci d'une réputation professionnelle, le désir de publier, etc. L'investissement de l'analyste est modulé par toutes ces contingences. D'autre part, la personne du patient – de tout patient – est, que l'analyste le veuille ou non, l'objet d'un investissement libidinal avec lequel il faudra compter. Le désir de soigner, d'aider, de comprendre autrui, de le libérer de ses entraves intérieures est confronté au désir de tirer bénéfice de la situation de demande du patient, de se l'attacher, de le maîtriser, de le posséder, de lui prendre tout ce qu'il a, d'en faire notre chose : esclave, élève, admirateur, partenaire sexuel, mécène, protecteur, substitut d'enfants ou de parents…

Bertram Lewin pensait que le patient idéal de l'analyste était peu ou prou le même que celui du médecin : le cadavre de la salle d'anatomie. Il est difficile d'aller plus loin dans l'évocation du besoin d'emprise de l'analyste sur son patient.

L'important est de bien mesurer que nos investissements en emprise sur le patient sont d'autant plus difficiles à gérer que les satisfactions qui pourraient les limiter sont plus indirectes : d'ordre sublimatoire pour les unes, par identification au patient qui développe ses capacités psychiques pour les autres. C'est sur ce faible socle de satisfactions que repose la possibilité que s'établisse un rapport transfert contre-transfert fécond, susceptible de donner lieu à un processus psychanalytique.

La situation analytique est ainsi particulièrement exigeante pour l'analyste. Comme l'a dit Samuel Abrams, « l'analyste se livre à quelque chose qui dépasse son savoir ». Qui dépasse son savoir mais qui est surtout au-delà de son *pouvoir*. Le besoin de pouvoir de l'analyste resurgit inévitablement sous une forme ou sous une autre, *furor sanandi* ou *dominandi*.

Racker soulignait que « bien que nous le sachions, il semble qu'il nous soit difficile de nous libérer de l'"éducateur" qui est en nous, avec toutes ses motivations névrotiques et les idéaux correspondants ». Dans une certaine mesure, l'idée d'une « technique analytique » vise à combler ce sentiment pénible de n'avoir qu'un pouvoir indirect. Il faut pourtant constater que les règles prescrites par la « technique analytique » sont surtout négatives.

Il est aisé de constater que les règles qui établissent le cadre font presque toutes la part du feu : elles font droit *a minima* au besoin de pouvoir de l'analyste ; le contrat analytique est « léonin », nous dit Neyraut, et ses dispositions imposent au patient, mais sur des points limités, la volonté appropriative de l'analyste : montant et conditions de paiement des honoraires, durée et rythme des séances (de durée prolongée et nombreuses), durée des vacances, position allongée... La règle fondamentale, qu'elle soit formulée ou non comme une injonction, une invitation ou une possibilité, est néanmoins un mouvement appropriatif sur le monde interne du patient. Emprise limitée au cadre, donc, et il est intéressant de constater que tout laxisme par rapport au cadre – quelles qu'en soient les justifications – ouvre la porte à la possibilité d'un abus de pouvoir de l'analyste.

L'analyste se place délibérément en situation d'être obligé de ne vivre que des satisfactions indirectes ; il brûle ses vaisseaux et doit se contenter de satisfactions sublimatoires ou par délégation. C'est ce que Freud finalement indique à Jung lorsqu'il lui dit que les expériences contre-transférentielles malheureuses « nous enseignent à placer nos propres affects dans une situation plus avantageuse ». La situation analytique impose à l'analyste une exigence d'élaboration mais elle l'impose aussi au patient, et lorsque Freud parle de ces patientes qui ne veulent connaître que « la logique de la soupe et les arguments des quenelles » et réclament des satisfactions directes de leur analyste, il indique la mesure de l'exigence d'élaboration imposée au patient. En effet, si l'idée d'Ida Mac Alpine est juste, selon laquelle « la technique analytique crée une situation infantile dont la neutralité de l'analyste est seulement un élément parmi d'autres », il faut ajouter que, simultanément, la situation n'est pas si infantile que cela, ni si régressive que cela, dans la mesure où aucune gratification directe n'est prodiguée au patient alors que c'est largement le cas dans l'enfance ; la situation analytique impose des conditions d'élaboration aux conflits en interdisant le recours à l'acte ; elle impose au patient un recours à une activité « auto », elle lui demande de lâcher l'emprise sur différents éléments du monde extérieur pour investir le monde interne, ce qui a une valeur progrédiente pour le psychisme. L'attitude de l'analyste est ici essentielle : si l'analyste pense la situation analytique comme infantile, il aura tendance à se comporter en parent ou en compagnon de jeu... Nous aurions ici à ouvrir le chapitre de l'influence des théories de l'analyste sur son contre-transfert.

LE CONTRE-TRANSFERT CONDITION DU TRANSFERT

La difficulté à cerner la notion de contre-transfert tient naturellement à la multiplicité des facteurs qui entrent en ligne de compte mais surtout à l'encombrante dimension inconsciente de l'essentiel de ces facteurs. La notion même de contre-transfert répond au fait que l'analyse est un processus intrapsychique qui n'est perceptible que de l'intérieur du psychisme des deux protagonistes de la cure et n'est en rien un phénomène observable de l'extérieur, qui serait non seulement observable mais objectivable d'un point de vue intellectuel[1].

1. Lacan reste l'héritier de l'idée d'une observation objective.

Si nous nous mettons à la mode des formulations en termes de contenant contenu, il serait tentant de dire que le contre-transfert est le contenant du transfert. De fait, il ne peut y avoir transfert au sens spécifique du mot – désignant la transposition progressive et évolutive du spectre de l'ensemble des relations d'objet du patient – sans que l'attitude profonde de l'analyste le permette. Nous suivons ici la ligne dégagée par Michel Neyraut que S. Dreyfus résume ainsi : « La question se pose alors de savoir en quoi l'instauration d'une situation analytique peut se constituer comme spécifique. La réponse de Michel Neyraut, qui est aussi sa thèse, fait tenir la différence précisément au contre-transfert. »

Que nous le voulions ou non, le contre-transfert est l'espace même qui s'offre à l'expression du transfert. Il le contient, en permet le développement extensif ou au contraire le limite ou en brise le mouvement.

La condition essentielle qui fait la spécificité du contre-transfert par rapport à tout autre type de contre attitude est la nécessité pour l'analyste de se comporter en « anti-objet », c'est-à-dire de ne pas laisser se fixer sur lui une configuration relationnelle stable qui arrêterait le mouvement transférentiel et par conséquent le processus analytique. Ce qui spécifie ainsi le rôle de l'analyste, c'est d'éviter toute confusion entre l'investissement transférentiel de son personnage et celui de sa personne, et complémentairement de déplacer son investissement de la personne du patient au fonctionnement psychique de celui-ci.

Au cœur même de l'ensemble désigné comme contre-transfert, l'élément qui lui donne sa spécificité et la maintient, est une attitude d'accueil à l'expression de l'inconscient du patient. Si cette attitude d'accueil – avec la capacité qui la soutient – s'efface ou devient impossible, le contre-transfert disparaît dans sa spécificité et la relation, analytique jusque-là, se dégrade en une relation ordinaire, utile ou inutile, réputée bonne ou mauvaise, peu importe : elle a perdu sa spécificité psychanalytique. Ce qui donne sa valeur de transfert aux investissements du patient dans la situation analytique, c'est la manière dont ils sont reçus, c'est-à-dire interprétés par le contre-transfert de l'analyste, que cette interprétation soit implicite ou explicite. Comme l'écrit Neyraut, par rapport à ce que le patient lui adresse, l'analyste « n'a d'autre recours que d'interpréter le sens de cette adresse, de s'y reconnaître ou de se démettre ». Le contre-transfert est la condition du transfert, et c'est leur jeu réciproque qui constitue l'articulation très particulière entre l'analyste et l'analysé. Il ne s'agit pas d'intersubjectivité mais de l'articulation de deux mouvements psychiques spécifiques et de leur élaboration conjointe : la cure psychanalytique n'est pas une interaction mais l'analyse d'une interaction.

Ce foyer du processus analytique, où, comme au foyer d'une optique, l'inconscient apparaît, est difficile à établir et à maintenir. Les tensions du cadre visent à maintenir dans la durée l'activité de ce foyer comme il est nécessaire d'établir un champ de forces pour confiner un plasma. C'est l'investissement par l'analyste du fonctionnement psychique du patient, de ce qui peut se passer en lui d'inconscient, qui constitue l'élément positif, central, actif, du contre-transfert. Il s'agit naturellement d'un investissement libidinal – comment pourrait-il en être autrement ? – mais où l'investissement de la personne du patient ne tient pas la place prépondérante ; le jeu du déplacement de l'investissement libidinal sur un autre objet et celui de l'inhibition de but apparentent les conditions de cette attitude à la sublimation. Il ne s'agit plus d'amour ou de haine pour le patient mais d'un investissement de ce qui se déroule en lui et dont les sentiments éventuels d'amour et de haine vis-à-vis de lui ne doivent être considérés que comme des révélateurs. Cet investissement libidinal positif de l'activité psychique du patient conditionne la valeur dynamique du contre-transfert et son organisation spécifique. « L'attitude professionnelle » de l'analyste, toujours menacée, invoquée par Winnicott ne peut se fonder que sur ce type d'investissement.

D'hier à aujourd'hui

Note historique sur la notion de contre-transfert

Emmanuelle Chervet[1]

C'est par l'observation de ses inconvénients que le contre-transfert, comme le transfert, a d'abord été décrit, dès 1909-1910 par Freud[2], en particulier dans les situations de séduction ou lorsque des affects envahissants rendaient l'analyste incapable de travailler de façon satisfaisante. Mais très vite, Freud en reconnaît la valeur d'instrument incontournable du travail analytique : « Chacun possède en son propre inconscient un instrument avec lequel il peut interpréter les expressions de l'inconscient chez les autres » (1913, p. 88).

Ferenczi a ensuite déployé la notion jusqu'à l'extrême, dans sa tentative de trouver des voies de soin dans les situations non névrotiques qui entraînent l'analyste dans une relation symbiotique peu représentable. Les impasses de sa pratique ont marqué un coup d'arrêt pour un temps au développement de la recherche sur le contre-transfert, tout en

---

1. Psychiatre, psychanalyste membre formateur de la SPP. Présidente de la SPP.

2. Voir sur le site de la SPP, Diane L'Heureux-Le Beuf, /« Au fil du contre-transfert », https://www.spp.asso.fr/textes/textes-et-conferences/introduction-psychanalyse/2005-2006/au-fil-du-contre-transfert/.

l'ouvrant sur de nouvelles cliniques. C'est ainsi que Winnicott décrit en 1947 «La haine dans le contre-transfert» (1947), et que Melanie Klein en développe le maniement en termes d'identification projective (1946), puis que P. Heimann en installe la notion lors du congrès de l'IPA en 1949 (1950).

En France, au fur et à mesure du déploiement des récits de cures au sein de la communauté analytique, les descriptions du contre-transfert se sont enrichies, surtout à partir des années 1970, et, en partant du registre névrotique, dans un tout autre registre que celui de l'identification projective. À partir d'une conception étroite du contre-transfert comme achoppement, la notion s'est élargie dans trois directions partielles, celle de l'affect, celle de l'agir et celle de l'hallucinatoire, et dans le même temps de façon très généralisée au fonctionnement psychique de l'analyste. Les textes qui fondent ces différentes directions sont rassemblés dans le numéro de la *Revue française de psychanalyse* consacré au contre-transfert en 1976[1]. C'est beaucoup plus tard, dans les années 2000, que la lignée de pensée de Ferenczi a de nouveau émergé en tant que telle, tout en restant marginale.

LES SENTIMENTS DE L'ANALYSTE

La communication de Paula Heimann au congrès de l'IPA en 1949 est considérée comme étant à l'origine d'une vision positive du contre-transfert dans la communauté analytique, par la prise en compte des sentiments de l'analyste.

---

1. Voir à ce propos E. Chervet, «Le contre-transfert, un refoulement à l'œuvre?», dans J. Bouhsira, L. Danon-Boileau, C. Janin (dir.), *Le Refoulement*, Paris, Puf, «Monographies et débats de psychanalyse», 2008. Je reprends ici certains aspects de ce texte.

Les thèmes abordés par Freud sont ainsi selon les moments désinvestis ou redécouverts par les analystes… Il s'agit de considérer, non plus que l'analyste risque d'être séduit par un patient inducteur, mais que les sentiments et les affects que ressent l'analyste le renseignent sur le fonctionnement mental de son patient. Ainsi le travail de l'analyste pour supporter ses sentiments sans les décharger, puis pour tenter de les penser, devient un outil essentiel de sa compréhension : « L'inconscient de l'analyste connaît celui de son patient. Cette relation au niveau profond parvient à la surface sous forme de sentiments que l'analyste remarque chez lui en réaction au patient, dans son contre-transfert » (Heinmann, 1950).

Mais de quelles façons se fait cet accès à la « surface » ? Il faut là revenir à Freud.

Dans la *Métapsychologie*, Freud considère que le mouvement qui correspond à un affect dans l'inconscient n'est pas qualifié. Pour s'exprimer, celui-ci doit s'associer à une représentation préconsciente, c'est-à-dire une image liée à des mots, voire un scénario : « […] alors le développement d'affects est rendu possible à partir de ce substitut conscient et le caractère qualitatif de l'affect est déterminé par la nature de ce substitut […]. Un affect ne survient pas tant que n'a pas réussi la percée vers une nouvelle représentance dans le système conscient » (Freud, 1915, p. 218 *sq.*).

Ainsi, avec certains patients, l'analyste est aux prises avec l'impression d'être occupé par un « quelque chose » de latent, qui exige s'il veut bien ne pas le réprimer ou le laisser de côté, une disponibilité ; s'il laisse venir et y reste attentif, des scénarios imaginaires se forment dans une rêverie, tandis qu'il est aussi en recherche de significations… C'est souvent une sensation d'adéquation à ce qui est confusément perçu de la réalité psychique du patient qui fait admettre tel scénario comme « construction ». Une impression de justesse, un réseau associatif qui trouve son sens.

IDENTIFICATION INCONSCIENTE DE L'ANALYSTE

Le temps que ce travail demande marque l'importance de l'investissement affectif de ce « quelque chose » chez l'analyste. Denise Braunschweig et Michel Fain développent dans leur article consacré au contre-transfert (Braunschweig et Fain, 1976) la notion déjà avancée par Denise Braunschweig (Braunschweig, 1971) de l'importance de l'identification hystérique de l'analyste à son patient. Cette identification inconsciente s'organise par le refoulement de sa part de certains éléments dans le discours du patient, constituant ainsi des traces mnésiques liées à des contenus personnels qui présentent avec eux une analogie. Ainsi l'identification hystérique de l'analyste constitue l'origine même de la formulation de l'interprétation. De ce point de vue, l'interprétation est issue d'un mouvement inconscient de l'analyste lié à ses propres traces mnésiques et mettant en jeu son désir.

Parfois, des étais provisoires sont nécessaires à ce travail, en particulier l'appel au culturel, à des formations imaginaires déjà partiellement formalisées et sublimées (l'image d'un film...). Parfois encore, c'est à l'écriture ou à l'échange clinique que l'analyste a recours pour soutenir ce déploiement dramatisé, dont l'intérêt est aussi de lui éviter répression ou refoulements trop massifs.

LES AFFECTS EN DIRECT

Par la suite, avec « Le Moi et le Ça », Freud conçoit au contraire un passage direct de l'affect vers la conscience, dans une irruption plus violente, moins « civilisée », et souvent renversable en son contraire, plus proche de sa racine pulsionnelle. L'aspect économique de l'affect prévaut alors sur sa valeur de représentance. « Le problème économique du masochisme » poursuit sur cette voie, l'affect devient décharge, ce qui pose la question des modes de retenue nécessaires à la conservation.

Lorsque l'analyste est exposé à ce type d'irruption, sans qu'il ressente sous forme d'une retenue préconsciente la possibilité de liaison scénarisée, l'affect est alors ressenti directement : angoisse, colère, haine, sympathie, compassion, malaise, mépris, adhésion à l'esthétique ou au pathétique évoqués, élan érotique ou rejet... de façon plus ou moins tentée par la décharge, plus ou moins proche de la pulsion ou du sentiment. L'intérêt de la conception « affective » du contre-transfert inaugurée par P. Heimann est de commencer à envisager les qualités masochiques de l'analyste et la fonction particulière que peut avoir la retenue chez lui de sentiments, c'est-à-dire d'un effet qui a été produit par le patient. On aborde là un point de vue économique qui trouvera de grands développements dans la clinique de la destructivité et de l'expulsion. On s'aperçoit que l'analyste a à traiter souvent l'un des pôles des couples d'opposés d'affects, qui se met en scène dans les séances. La fonction de retenue et d'inscription des éléments inacceptables pour le patient ne fait plus appel au refoulement, l'analyste est contraint à des contre-investissements ou à une répression.

LES ACTES

Le deuxième élargissement des fonctions positives du contre-transfert a été décrit initialement par J. Sandler : il s'agit de la prise de conscience par l'analyste de ses réactions « après qu'elles eussent été traduites en actes » (Sandler, 1976, p. 410). Le patient a besoin d'induire un rôle chez l'analyste, en résonance à des éléments de sa vie interne. Ce besoin est partie intégrante de toute relation d'objet dans la vie courante et peut fonctionner de façon harmonieuse. Dans le transfert, elle prend une valeur particulière que l'on peut considérer aussi comme un mode de répétition agie.

L'analyste se « soumet à ce rôle » dans une formation de compromis entre ses attitudes personnelles et une disponibilité à ce que le patient induit chez lui, sans qu'il s'agisse nécessairement d'une « faute technique ». Sandler insiste bien pour dire que le registre de la faute technique existe tout de même aussi.

Ainsi, « parallèlement à l'attention flottante de l'analyste, existe ce que j'appellerai sa résonance flottante ». Sandler insiste sur le fait que les concepts de projection, externalisation lui semblent insuffisants à décrire ces phénomènes, risquant de trop les simplifier. Il évoque la transmission d'indices complexes intégrant les traces inscrites tout au long de l'histoire du traitement entre l'analyste et le patient. Il peut être intéressant de laisser se développer un tel comportement un certain temps jusqu'à ce qu'il puisse trouver sens dans le transfert. La répétition agie de transfert est ainsi autorisée et partiellement partagée par l'analyste[1].

Dans sa docilité à l'acte suggéré, l'analyste perd son quant-à-soi, sa présence conflictuelle à soi-même. L'acte est accompli sans prise de conscience. On peut remarquer dans nombre d'exemples qu'il s'agit d'actes réparateurs transgressant la prescription de refusement faite à l'analyste (Godfrind et Haber, 2002). L'analyste a ressenti directement une menace, en particulier une menace pour la poursuite du traitement. Pourrait-on dire alors qu'il est tenu de voler au secours du refoulement de son patient ? Que son comportement exprime

---

1. Ces réflexions ont été développées largement lors du congrès de Bruxelles en 2002 : RFP, LXVI/5, « Transformations psychiques », 2002.

une préoccupation maternelle primaire qui tient compte des failles du masochisme primaire du patient, failles qui exposent celui-ci à un risque traumatique si l'entourage modifie ses réponses ? L'économie n'est plus celle du refoulement secondaire, mais du risque d'un retour de l'extérieur, persécutoire, dont l'analyste ne pourra se faire l'ambassadeur que lorsqu'une sécurité sera installée, beaucoup plus tard, quand le fonctionnement représentatif sera à même de lier de plus larges pans de la vie psychique.

De façon plus générale se trouve ici ouverte toute une réflexion sur le but de l'analyse avant le devenir conscient : n'y a-t-il pas tout un temps de passage par une figuration qui suppose une méconnaissance et un lieu d'inscriptions, éventuellement extérieures à la psyché, dans ce cas la réalité de l'agir, et jusqu'à l'agir de l'analyste ? Cette réflexion rencontre l'article « La négation » de Freud, qui prolonge et approfondit celui sur la répétition (1925). Ce n'est qu'après une transposition sur la perception que la réalité psychique peut, par la liaison aux représentations de mots, être réintégrée dans la conscience. C'est toute une théorisation du transfert qui trouve là son origine : l'analyste lui-même participe à permettre, voire à effectuer, cette transposition, dans un temps de méconnaissance qui donne toute sa valeur au travail du refoulement et de sa levée progressive chez lui.

L'HALLUCINATOIRE

Le troisième élargissement de la conception du contre-transfert a d'abord été décrit par Michel de M'Uzan : l'accès à des contenus de l'histoire du patient et à certains de ses processus psychiques par l'intermédiaire d'un fonctionnement mental particulier de l'analyste en séance, qu'il appellera les *pensées paradoxales*, puis le *transfert paradoxal*

(M'Uzan, 1976). Il s'agit de la survenue brutale en séance, chez l'analyste, d'une forme d'activité psychique différente de celles qui lui sont familières, et qui évoque une survenue hallucinatoire. L'analyste éprouve alors « un subtil changement d'état, quelque chose comme un flottement très léger [...] qui paraît découler directement du discours ou de l'attitude de l'analysé, un analysé tout à la fois ému et impérieux qui aurait induit, chez l'analyste, une modification des investissements narcissiques [...] une mise en alerte orientée vers l'objet, et une altération du sentiment de sa propre identité » (*ibid.*, p. 576).

À relire après coup sa description, on ne peut qu'être frappé par sa ressemblance avec celle de l'hypnose. Cet article ouvre à toute une lignée de la pensée du contre-transfert centrée sur le fonctionnement hallucinatoire de l'analyste, et aux accès qu'il peut donner à des contenus mémoriels du patient. Cette lignée a en particulier été développée par S. et C. Botella dans de nombreuses publications depuis 1985, et lors du congrès de 2001 à Paris (Botella C., S., 2001).

LE FONCTIONNEMENT PSYCHIQUE DE L'ANALYSTE

Ces expériences contre-transférentielles particulières s'inscrivent en fait dans l'élargissement généralisé de la notion du contre-transfert au fonctionnement global de l'analyste, et rejoignent ainsi les recherches sur la pensée de l'analyste.

Michel Neyraut a tôt évoqué, dans son livre *Le Transfert* (Neyraut, 1974), livre qu'il amorce par la question du contre-transfert, la notion qui fit fortune de précession du contre-transfert, c'est-à-dire de tout ce qui, avant l'arrivée du patient, fait de l'analyste un analyste. Cette notion se prolonge par le fait que la pensée psychanalytique est elle-même transférentielle, c'est-à-dire qu'elle engage l'analyste en entier avec ses mouvements transférentiels sur la situation analytique et sur son patient.

ÉLABORATION DU CONTRE-TRANSFERT : RÉCITS DE CURES

Cette conception très ouverte du contre-transfert et la prise en compte de l'identification hystérique de l'analyste rendent évidente la nécessité de l'élaboration par celui-ci du contre-transfert. Il fait le plus souvent ce travail en son for intérieur, en prenant le temps d'une pensée qui oscille entre ses formes rêvantes et une réflexion active en recherche de sens.

Jean-Luc Donnet (1976) aborde les moyens que peut se donner la communauté analytique pour soutenir ce travail. Pour lui, de même que le transfert n'a pu être mis en évidence que par la parole et la règle fondamentale, le contre-transfert n'existe que par la communication inter-analytique. Le contre-transfert n'existe à part entière que lorsqu'il s'adresse à un tiers par une parole porteuse de transfert. Le récit de cure adressé à des tiers est donc la méthode par excellence de l'élaboration du contre-transfert (Donnet, 2005). Un cadre de parole est donné à l'analyste, conversation entre collègues, groupe d'intervision, scène institutionnelle, ou encore dans l'écriture, où le transfert sur l'analyse, sur ses collègues, sur l'institution analytique, et la conflictualité de ce transfert avec son attachement à son patient, permet une élaboration.

Par exemple, très banalement, le récit de cas met en évidence un oubli, permet le retour d'un élément chez l'analyste et éventuellement de comprendre les raisons qui ont pu déterminer cet oubli. S'agit-il de refoulement ? Ou plutôt d'une mise en latence où il est simplement disponible dans le préconscient mais désinvesti par l'analyste ? Ou encore qu'il ait été entendu à travers une banalisation et que reviennent son retentissement, ses échos, des liens avec d'autres éléments qui ont été désavoués ou neutralisés ?

Le récit de cure laisse émerger aussi des symptômes troublant le récit, idées incidentes, butées audibles aux tiers, répétitions... Le rôle de l'intervention interprétative de ces tiers donne à penser sur les conditions groupales permettant une dynamique : suffisamment de bienveillance, et suffisamment peu de communauté de déni... Une identification mutuelle et une différenciation.

À un degré de plus dans la résistance au retour de ces contenus du patient, on peut trouver l'exemple de retrouvailles de l'un d'eux à la relecture de notes, compatible avec le refoulement persistant du souvenir. (Tiens, il m'avait dit ça ? Cela ne me dit plus rien...) Ainsi la prise de notes tendait à la fois à lutter contre le refoulement et à l'effectuer tout en garantissant une mise en réserve, sorte de ruse du processus secondaire qui a leurré la dynamique du refoulement.

L'analyste peut aussi éprouver le besoin de parler d'une cure où il se sent immobilisé par un sentiment d'inhibition, d'ennui, d'incapacité de penser, ou par une autoreprésentation dans le transfert qui n'évolue pas. Il se sent assigné à jouer un rôle qu'il a repéré dans la constellation transférentielle du patient, mais de façon répétitive, contrainte.

Il me semble que ces exemples permettraient de reprendre et d'élargir la question de l'hypnose que j'ai soulevée à propos du fonctionnement hallucinatoire de l'analyste. En effet, ne peut-on penser que, dans ces cas, l'impériosité des besoins défensifs du patient l'oblige à mettre son analyste sous hypnose ? Il s'agit de lui suggérer de dormir, mais d'un sommeil sans rêves. Certains moments d'analyse où l'analyste est amené à de brefs moments d'authentique sommeil pendant les séances pourraient être compris ainsi.

De façon moins évidente, ne peut-on penser que souvent, dans une première partie de la cure, ou dans le traitement de situations difficiles, les traces pouvant susciter des issues traumatiques doivent être écartées de la scène transférentielle, alors même qu'elles tendraient à s'y précipiter, pour permettre l'installation progressive d'un transfert « bien tempéré » ? Parfois, elles trouvent place dans des transferts latéraux. Parfois au contraire la menace de leur retour réclame de l'analyste un effort de refoulement, « suggéré » au sens fort, par le patient. Tout un gradient est possible, de l'inhibition de la pensée jusqu'à un fonctionnement, syntone pour un temps, d'une identification hystérique au patient, laissant dans l'ombre un refoulé commun.

CONCLUSION

Le contre-transfert se dissout donc dans le fonctionnement de pensée, nécessairement transférentiel lui-même, de l'analyste. L'histoire de la cure pour l'analyste s'inscrit, comme celle du patient, sur deux scènes. Sur la scène préconsciente, il construit progressivement une mémoire par la mise en latence, surtout au début de la cure, d'éléments de la vie psychique du patient qu'il perçoit sur un mode proche de la sensation (Chervet, 2016) plutôt que de la pensée, mis en réserve par un déni en commun, constituant un refoulé qui nourrit de part et d'autre, une relation d'inconnu et d'ouverture potentielle. Solution d'attente autorisant la construction progressive d'intermédiaires préconscients qui en permettront un accueil partiel et progressif.

L'autre scène, chez l'analyste, constituée des traces de cette mise en réserve, fait l'épaisseur de sa présence en séance, son quant-à-soi et sa capacité de surprise. Elle est l'objet de sensations, d'endoperceptions plus ou moins confuses, qui, selon les moments, restent quiescentes, travaillent en silence ou dans le rêve, ou exigent une disponibilité, une attention à la poussée de ses éléments, ravivés par le présent de la cure. Elle constitue l'origine de l'interprétation lorsque celle-ci s'impose, intuitive.

Cette constitution des traces de l'histoire de la cure, qui intègre des contenus évoqués par le patient à la trame de la vie psychique de l'analyste, suppose une réflexion quant aux aptitudes professionnelles de celui-ci. L'idée d'une neutralité qui passerait par une isolation de ses enjeux de désir personnels a perdu de sa pertinence avec l'élargissement de la conception du contre-transfert, mais il reste nécessaire d'assurer au patient une disponibilité suffisante, une dynamique vivante dans le traitement de cette réalité interne composite, et une discrétion quant aux intérêts propres de l'analyste. Des figurations personnelles nourrissent la dynamique représentative de l'analyste, mais sa formulation adressée au patient doit se faire à travers une impersonnalisation qui la lui rende utilisable.

Deux pôles me semblent à l'œuvre dans cette impersonnalisation.

D'une part, le travail de la cure personnelle de l'analyste rend plus fluides les déplacements, le désidentifie de ses idiosyncrasies personnelles, permettant de transposer les formulations qui lui viennent, de les traduire dans la langue du patient, peu à peu intégrée au cours de la cure.

D'autre part, l'élaboration de son Surmoi lui-même, conquise tout au long de sa cure, se répète à propos de chaque patient. Tout ce qu'entend l'analyste prend place vis-à-vis de ses repères quant à la structure œdipienne, imagée par les fantasmes originaires qui forment le cadre de toute cure, sorte de boussole dont les variations sont limitées. Ainsi la créativité de l'analyste, qui dans la dimension imaginaire peut paraître infinie, ne s'exerce-t-elle que dans un espace strictement orienté, par la permanence de cette structure qui fait le tragique de toute cure, auquel il n'échappe pas.

Ne peut-on penser que les moments d'immobilisation, de fixation de l'identification au patient, seraient ceux dont l'enjeu est de rétablir une topique orientée par le Surmoi, pour ce patient-là, au sein de cette identification même ? Des moments où l'analyste éprouve le conflit entre ce qui en lui avec le patient refuse la castration, les limites à sa toute-puissance infantile, et ce qu'il « sait bien, mais quand même », de par son analyse et ses apprentissages d'analyste ? Ce peut être aussi une dynamique des échanges avec des collègues que d'entendre de leur part une reformulation de ce que l'« on sait bien », mais qui reste privé d'effectivité. La prise de conscience d'un refoulé en commun avec le patient est alors la sortie provisoire d'un clivage entre l'« être analyste » et l'« être infantile », expression du clivage fondamental toujours renaissant.

RÉFÉRENCES BIBLIOGRAPHIQUES

Botella C., Botella S. (2001), « Figurabilité et régrédience », *Revue française de psychanalyse*, LXV/4, p. 1149-1239.

Braunschweig D. (1971), « Psychanalyse et réalité. À propos de la théorie de la technique analytique », *Revue française de psychanalyse*, XXXV/5-6, p. 655-828.

Braunschweig D., Fain M. (1976), « Réflexions introductives à l'étude de quelques facteurs actifs dans le contre-transfert », *Revue française de psychanalyse*, XL/3, p. 483-540.

Chervet E. (2008), « Le contre-transfert, un refoulement à l'œuvre ? », *in* J. Boushira, L. Danon-Boileau, C. Janin (dir.) *Le Refoulement*, Paris, Puf, « Monographies et débats de psychanalyse ».

Chervet E. (2016), « Les "sensations de processus". Remarques sur l'association libre et le rôle des sensations internes chez Freud », *Revue française de psychanalyse*, LXXX/4, p. 951-961.

Donnet J.-L. (1976), « Contre-transfert, transfert sur l'analyse », *Revue française de psychanalyse*, LXV/3, p. 443-454.

Donnet J.-L. (2005), *La Situation analysante*, Paris, Puf.
Freud S. (1913/2005), « La disposition à la névrose de contrainte : une contribution au problème du choix de la névrose », *OCF.P*, XII, Paris, Puf, p. 83-94.
Freud S. (1915/1988), « L'inconscient, "Sentiments inconscients" », *OCF.P*, XIII, Paris, Puf, p. 205-242.
Freud S. (1925/1992), « La négation », *OCF.P*, XVII, Paris, Puf, p. 167-171.
Gofrind J., Haber M. (2002), « L'expérience agie partagée », *Revue française de psychanalyse*, LXVI/5, p. 1417-1460.
Heimann P. (1950), « On Countertransference », *International Journal of Psychoanalysis*, 31, p. 81-84.
M'Uzan M. de (1976), « Contre-transfert et système paradoxal », *Revue française de psychanalyse*, XL/3, p. 575-590.
Neyraut M. (1974), *Le Transfert*, Paris, Puf.
Sandler J. (1976), « Contre-transfert et rôle en résonance », *Revue française de psychanalyse*, XL/3, p. 403-412.

Ferenczi, ses avancées conceptuelles concernant le contre-transfert

Thierry Bokanowski[1]

> Outre la surveillance du contre-transfert, il faut donc aussi prendre garde à cette manière « d'être induit » par les patients. (Peut-être ne s'agit-il là que d'une forme de contre-transfert.)
>
> Lettre 198 Fer, 7 février 1911, *Correspondance Freud-Ferenczi*, I, p. 267.

Tenter d'établir le bilan des apports conceptuels de Ferenczi entre 1908 et 1933, années pendant lesquelles il a magistralement contribué à l'avancée de la psychanalyse – d'abord comme élève, puis comme disciple rapidement devenu un « maître », un confident et ami de Freud –, permet d'énumérer un nombre important de *concepts* qui sont venus éclairer, quand ce n'était pas fermement étayer, l'édifice freudien.

1. Membre titulaire honoraire de la Société psychanalytique de Paris, il est, entre autres, l'auteur d'un *Sándor Ferenczi*, Paris, Puf, « Psychanalystes d'aujourd'hui », 2011, 3e édition.

Comme en témoigne amplement leur *Correspondance* (Ferenczi et Freud, 1908-1933), Ferenczi, dès le début de sa pratique, ne cesse d'interroger son interlocuteur sur les questions essentielles concernant le processus psychanalytique.

D'emblée, tout en assignant au *transfert* une assise théorique originale et novatrice (Ferenczi, 1909), c'est aussi vers le *contre-transfert* et les interrogations soulevées par ce concept que se porteront nombre de ses préoccupations et investigations.

Sans les citer toutes, on peut retenir certaines de ses propositions marquantes à ce propos, telles :

- l'importance primordiale de la *seconde règle fondamentale*, à savoir *l'analyse de l'analyste* ;
- le fait que, comme le préconise Freud dans « Les chances d'avenir de la thérapie psychanalytique » (1910), s'il s'avère indispensable que l'analyste prenne conscience de « l'influence du patient sur sa sensibilité inconsciente », Ferenczi proposera de ne pas chercher à la « maîtriser » systématiquement ;
- laissant ainsi entendre que le *contre-transfert* n'est pas un obstacle (l'effet d'un « transfert en contre »), mais plutôt un *outil précieux*, car véritable indicateur affectif et émotionnel lié aux effets de la rencontre entre l'originaire du patient et les identifications primaires de l'analyste ;
- et, dès lors, reconnaître que le *contre-transfert* participe pleinement à l'aspect fondamental du respect de certaines formes de *régression*, ce qui permet d'aborder – dans le champ de l'analyse – les couches les plus profondes de la psyché.

Notons que ces avancées, d'une étonnante modernité pour l'époque, sont presque toutes issues des *interrogations théorico-pratiques* que soulèvent, dans le creuset de la cure, les complexités processuelles rencontrées chez des patients aux fonctionnements psychiques complexes (*limites* ou *non névrotiques*), lesquels interrogent la fiabilité et l'efficacité du dispositif psychanalytique établi jusqu'alors.

En effet, au lendemain de la Première Guerre mondiale, lors de ce que l'on nomme le « tournant des années 1920 » – mais en fait à partir de 1914, c'est-à-dire après la cure de l'*Homme aux loups* (Freud, 1918 [1914]) dont on sait qu'elle fut à l'origine de quelques remises en question conceptuelles, dont le bien-fondé semblait avoir été, jusque-là, clairement défini –, les analystes, confrontés à la *compulsion de répétition* qui agit à l'encontre du processus (Freud, 1920), se posent de nouvelles questions : quels sont les moyens pour y parer, pour la surmonter, voire encore, pour la transformer ?

Pour sa part, Ferenczi, brillant clinicien, thérapeute infatigable, unanimement reconnu par ses pairs comme recours à des échecs thérapeutiques, pense que l'utilisation de la *technique*, indispensable complément de la théorie, paraît pouvoir modifier certains aspects de la méthode en fonction des nécessités imposées par les exigences de la cure.

C'est dans ce sens que nombre de ses *innovations techniques*, qui évolueront au fil des ans (de 1918 à 1933), intéressent le *contre-transfert* du seul fait qu'ils renvoient à l'acte analytique de l'analyste, c'est-à-dire à sa *présence analytique*. Elles peuvent non seulement être comprises comme l'un des aménagements du cadre, mais aussi comme des réponses de type *contre-transférentiel* lorsque, soumis à certaines impasses, Ferenczi est conduit à proposer de nouvelles perspectives *théorico-pratiques*.

Deux périodes peuvent être distinguées :

- la *première période* est dite de *technique active*, ou encore nommée *période d'activité*. Elle est préconisée et défendue dans plusieurs articles (Ferenczi, 1919 ; 1921). Suivie d'une radicale remise en question (Ferenczi,1926), c'est une proposition d'*élasticité technique* (1929) qui la remplace et marque une période dite d'*expérimentations techniques* ;

– la *seconde période* est liée pour l'essentiel à l'intérêt théorique que Ferenczi développe pour la métapsychologie du traumatisme. Elle prolonge la proposition d'*élasticité technique* par la technique dite de *relaxation* (ou *néocatharsis*) faite de tolérance quasi illimitée (Ferenczi, 1930), laquelle est suivie par l'*analyse mutuelle* (Ferenczi, 1932). Toutes ces propositions, qui intéressent sa conception du *contre-transfert*, sont directement issues de ses dernières conceptions sur le traumatisme (1929-1933).

PÉRIODE DE « TECHNIQUE ACTIVE »

Le point de départ des recherches et des modifications techniques que Ferenczi innove à partir de 1918 trouve son origine dans l'intuition clinique suivante : les résistances et difficultés rencontrées dans les cures viennent de ce que certains patients se coupent psychiquement de leurs symptômes, lesquels apparaissent pourtant à l'observation.

De ce fait, ces patients, qui « s'absentant à eux-mêmes », ne se « voient pas », ne se « sentent » pas, de même qu'ils ne se « représentent » pas leurs symptômes. Ils immobilisent d'autant plus le processus qu'ils n'évoquent pas ces difficultés dans leurs associations en séance, cela empêchant l'analyste de rattacher ce que lui *voit* et *ressent* à un *entendu* interprétable.

Pour imprimer un effet de relance au travail analytique qui stagne et face aux *difficultés contre-transférentielles* qui en résultent, Ferenczi préconise la *technique active*, à savoir qu'au moyen d'*injonctions* (*Gebote*) ou d'*interdictions* (*Verbote*), il incite le patient à adopter une attitude active, c'est-à-dire *à faire*, ou à *renoncer à faire*, quelque chose qui renvoie à l'un de ses symptômes.

Les accès d'angoisse provoqués par ces injonctions permettent alors au patient de surmonter sa résistance contre une partie du matériel inconscient refoulé (ou enkysté), lequel devient alors accessible à la représentation (idées, souvenirs).

Toutefois, si cette technique peut être utilisée comme tentative pour abréger l'analyse, Ferenczi recommande de n'y recourir que dans des situations exceptionnelles et pour une durée brève, car elle ne doit en rien modifier la règle fondamentale de l'association libre.

En fait, les limites de la méthode et ses résultats précaires l'ont dissuadé de leur bien-fondé. Outre le fait qu'ils *accroissent considérablement les résistances du patient* sans obtenir pour autant une plus grande intensité de la frustration ou de la privation, certains patients semblaient accepter ce surplus de tension afin de combler leur masochisme, ou leur position masochique au sein même de la cure, ceci conduisant à une impasse du traitement.

Contre-indication de la technique active (Ferenczi, 1926) signe l'abandon de cette technique et la fin de cette période de recherches. Dans cet article, Ferenczi se résout à critiquer à la fois la méthode et ses modalités d'application : il en constate les *limites* et, de ce fait, l'échec.

« ÉLASTICITÉ DE LA TECHNIQUE » : NOUVELLES APPROCHES CONTRE-TRANSFÉRENTIELLES

Dès lors, constatant que l'accroissement de tension induite par la *technique active* semble représenter pour le patient une répétition de traumatismes antérieurs qui auraient pu présider à la formation de sa névrose, le *changement de perspective* qu'il propose devient *radicalement inverse*.

Refusant d'imputer la responsabilité des dérives négatives ou des apories du transfert au seul patient, Ferenczi propose de considérer les difficultés rencontrées dans les cures comme étant en partie liées aux *points aveugles* du *contre-transfert* de l'analyste.

Dans son article intitulé « Élasticité de la technique analytique » (1928), il concentre son attention sur ce que le patient semble attendre, non seulement de son analyse, mais aussi de son analyste et, dans ce but, il propose une approche technique suffisamment *souple*.

Une fois rappelée la seconde règle fondamentale – « quiconque veut analyser les autres, doit d'abord être analysé lui-même » –, il énonce l'idée que la mise en œuvre d'une « atmosphère psychologique adéquate » nécessite que l'analyste soit ressenti comme « fiable » et non empreint « d'hypocrisie professionnelle ».

Dénonçant, ainsi, dans le cadre de la cure, les risques que provoquent certaines *contre-attitudes inconscientes de l'analyste* – notamment s'il se comporte comme un « maître d'école » et applique, comme un « éducateur » animé par une « passion pédagogique » une trop grande « rigidité technique » –, il suggère que les interventions et interprétations se fassent sous forme de « propositions », ceci afin d'éviter qu'elles ne soient vécues comme trop assertives, injonctives et surmoïques.

Par ailleurs, la confiance dans la théorie ne devant être que « conditionnelle », la « modestie » de l'analyste se doit d'être d'autant plus naturelle qu'elle traduit ainsi « l'acceptation des limites de son savoir ».

Dès lors, Ferenczi formule certaines conceptions concernant le *travail spécifique* de l'analyste du point de vue du *contre-transfert* : il propose que l'analyste puisse se mettre en situation de « sentir avec » (*Einfülhung*) – se sentir en *empathie* – et d'utiliser à cette fin le « *tact* » psychologique qui permet d'apprécier quand, comment et sous quelle forme communiquer quelque chose au patient : « Le tact c'est la faculté de sentir avec[1]. »

Cette attitude d'*empathie* implique que l'on puisse donner au patient un sentiment réel d'*indulgence*, de *patience* et de *confiance*. Cette « fiabilité », sous-tendue par une « bienveillance inébranlable », est exigible en toutes circonstances, quelles que soient les extrémités auxquelles le patient se laisse aller, tant dans ses mots que dans ses agirs (actes). Le but de cette tolérance quasi illimitée est de permettre une *régression profonde* qui favorise l'expression d'un symbolisme corporel, là où toute mémoire psychique fait défaut.

Dès lors, Ferenczi avance l'idée que la situation analytique exige, non seulement de l'analyste « un contrôle rigoureux de son propre narcissisme », mais aussi « la surveillance aiguë de diverses réactions affectives » : « On pourrait presque parler d'une oscillation perpétuelle entre "sentir avec", "auto-observation" et "activité de jugement" », écrit-il.

À partir de ces énoncés, Ferenczi va alors opérer dans les temps qui suivent une *radicalisation théorico-clinique* qui vient marquer un tournant définitif dans sa pensée et dont certains jalons essentiels se trouvent dans son rapport présenté en 1929, au XIe Congrès international de psychanalyse à Oxford, publié en 1930 sous le titre *Principe de relaxation et néocatharsis* (Ferenczi, 1930).

C'est dans ce moment de *renouveau des expérimentations* qu'il amorce une *nouvelle conception de la théorie du traumatisme*, car, pour lui, la technique dite de *relaxation* qui

1. Dans une lettre, adressée à Freud, en date du 15 janvier 1928 (1115 Fer), il précise : « Je pense seulement qu'il faut tout d'abord se mettre à la place du patient, "entrer dans ce qu'il ressent" », dans S. Freud et S. Ferenczi, *Correspondance Freud-Ferenczi*, III, Paris, Calmann-Lévy, 2000, p. 372.

favorise la *régression*, fait apparaître, au cours de l'analyse, les processus psychiques liés aux *refoulements traumatiques primaires* et laisse entrevoir leur nature même. Celle-ci doit permettre à l'analyste de rentrer directement en contact avec l'*enfant dans le patient*, et prendre ainsi connaissance des traumatismes alors subis.

Dans ce texte important, il aborde l'épineuse question concernant le fait que lorsque les analystes privilégient essentiellement l'organisation fantasmatique et la conflictualité intrapsychique, ils sous-estiment, voire négligent, l'importance des *expériences traumatiques réelles* de la *toute première enfance*.

Ainsi, après avoir souligné le fait que certains patients peuvent rapporter combien les parents ou les adultes ont pu « aller très loin dans leur passion érotique pour les enfants » et ont été prêts « à infliger à l'enfant parfaitement innocent des punitions ou des menaces graves qui l'ébranlent et le bouleversent », Ferenczi se sent désormais prêt à « *accorder, à côté du complexe d'Œdipe des enfants, une importance plus grande à la tendance incestueuse des adultes, refoulée et prenant le masque de la tendresse* ».

On voit dans ces propos l'esquisse des principaux arguments qui seront au cœur de « Confusion de langue entre les adultes et l'enfant[1] » (Ferenczi, 1933).

1. Dans ce texte, opposant ce qu'il y a « de tendre dans l'érotisme infantile et ce qu'il y a de passionné dans l'érotisme adulte », Ferenczi décrit, ici, un enfant (patient) excité et démuni, débordé par l'excès (externe, mais surtout interne) et qui, n'ayant pas à sa disposition les moyens de la décharge ni ceux de l'élaboration, se trouve du coup en pleine détresse. Ce tableau permet à Ferenczi d'avancer le concept d'identification à l'agresseur et d'introjection par l'enfant du sentiment de culpabilité de l'adulte, qui viennent accroître la confusion des sentiments. À l'amour passionné et aux punitions passionnelles infligées par l'adulte se surajoute le terrorisme de la

Dans les années suivantes, de 1931 à 1933, il pousse le raisonnement jusqu'au bout et laisse entendre que la méthode de *permissivité*, qui implique *indulgence* et *maternage*, peut même aller jusqu'aux *échanges de tendresse physique* tels qu'ils existent entre mère et enfant. Ainsi, s'occuper du patient sur un mode tendre, «jouer» le rôle d'un parent aimant, permissif et ludique, permettrait d'endiguer et de neutraliser ses débuts malheureux dans l'existence.

On sait quels échos peu amènes les dernières avancées théoriques ont immédiatement provoqué chez Freud, qui voit en celles-ci, et dans les techniques qui les accompagnent, non seulement une *déviation technique* transgressive, mais aussi une *régression théorique* qui viendrait rappeler un retour à des conceptions qu'il avait lui-même abandonnées, après sa «*neurotica*», dès 1897[1].

Dès lors, un véritable *fossé théorique* se creuse, dont le concept de *traumatisme infantile* est la *ligne de démarcation*.

En effet, pour Freud, invoquer la compulsion de répétition comme répétition de la situation traumatique et en rendre l'objet responsable revient à sous-estimer les ressources de l'appareil psychique, comme la capacité de celui-ci à transformer le trauma ainsi que la douleur psychique qui lui est liée.

Face aux avancées ferencziennes qui introduisent une véritable subversion des paramètres du cadre et donnent une ouverture à des formes de laxisme séducteur, sinon à de véritables séductions agies – symboliquement équivalentes à des transgressions incestueuses dans la relation transférentielle,

---

souffrance, c'est-à-dire l'obligation faite à un enfant d'être celui qui prend en charge, répare et soigne un parent endommagé. Ainsi peuvent s'expliciter les états passionnels et les transferts passionnels.

1. «Je ne crois plus à ma neurotica», lettre 139, 21 septembre 1897, dans *Lettres à Wilhelm Fliess*, Paris, Puf, 2006.

quand elles ne sont pas directement inductrices de celle-ci –, Freud en vient à rappeler à Ferenczi, dans sa célèbre lettre du 13 décembre 1931 [1], que ces modalités techniques, dont il ne fait pas secret et qui le conduisent à, entre autres, embrasser ses patientes ou à se laisser embrasser par elles, vont à l'encontre même de la méthode jusque-là établie :

> Jusqu'à présent, dans la technique nous nous en sommes tenus fermement à la thèse : les satisfactions érotiques sont à refuser au patient. Vous savez aussi que là où des satisfactions plus généreuses ne sont pas possibles, les caresses plus insignifiantes peuvent très bien en reprendre le rôle, dans les relations amoureuses, sur la scène, etc.

Puis il met fermement en garde son interlocuteur quant à l'effet produit par l'application et la diffusion d'une telle technique, laquelle – ajoute-t-il non sans humour – ne s'arrêterait peut-être pas qu'au baiser… ce qui risquerait alors de provoquer un regain d'intérêt pour la psychanalyse, tant du côté des analystes que de celui des patients… Cela ne pouvant aboutir qu'au fait que S. Ferenczi, voyant le spectacle désastreux auquel sa méthode pouvait conduire, pourrait être alors amené à se dire : « J'aurais peut-être dû arrêter ma technique de tendresse maternelle *avant* le baiser. »

En fait, dans l'esprit de Ferenczi, les contournements à la règle d'abstinence suivaient leur propre logique, car il avait écrit à Freud, quelque temps auparavant, que la technique et son élaboration lui laissaient entrevoir « beaucoup de points théoriques sous un éclairage quelque peu modifié » et qu'il ne craignait pas d'en tirer les conséquences « aussi loin que

1. Freud, le 13 décembre 1931 (1207 F), dans S. Freud et S. Ferenczi, *Correspondance Freud-Ferenczi*, III, *op. cit.*, p. 77-480.

possible », cela pouvant aller « jusqu'à *ad absurdum* [jusqu'à l'absurde] ! ».

Rapidement contraint de se détourner de la technique de relaxation (néocatharsis), tout en cherchant à *expliciter ses erreurs contre-transférentielles*, Ferenczi tente alors de rendre compte de ce qu'il voit cliniquement à l'œuvre et qui le ramène aux conditions de la création du traumatisme originel. Il entreprend alors de créer une autre et ultime technique, l'*analyse mutuelle*, dont il attend qu'elle apporte des solutions aux *impasses transféro-contre-transférentielles*.

ANALYSE MUTUELLE

Dans l'esprit de son créateur, *l'analyse mutuelle* doit permettre de s'affranchir des problèmes créés par les *contre-attitudes* liées au *contre-transfert* de l'analyste, ainsi que par la situation analytique elle-même.

Elle est aussi, en grande partie, à la source de nombreuses réflexions, intuitions et avancées du *Journal clinique* qu'il tient quotidiennement entre les mois de janvier et d'octobre 1932 (Ferenczi, 1932).

Là où le patient peut avoir le sentiment que l'analyste s'avère incapable de lui offrir un *soutien fiable* et lui donne de surcroît le sentiment qu'il est impossible de lui faire *confiance*, ou de s'en remettre véritablement à lui, l'*analyse mutuelle* propose au patient des repères quant à la qualité psychique de l'analyste puisque l'occasion lui serait offerte de mieux appréhender ses faiblesses et, ainsi, de mieux se protéger d'une idéalisation traumatogène.

Cette méthode implique que, dans le cours de l'analyse, soient prévues régulièrement des séances pendant lesquelles ce n'est plus l'analyste qui analyse, mais l'*analysant* qui prend sa place et qui l'analyse. Il est attendu de cette nouvelle méthode qu'elle apporte, entre autres, une certaine compréhension des *impasses* rencontrées.

Dans ce *contre-transfert en acte*, il s'agit de tenter d'établir une symétrie temporaire pour que le gage de confiance proposé permette au patient d'espérer supprimer les obstacles liés à la crainte que son analyste soit peu fiable et, de plus, lui permette d'accéder ainsi à l'inconscient de l'analyste en question…

Ferenczi doit néanmoins, une fois de plus, se rendre rapidement à l'évidence. Cette ultime technique a comme conséquence de renforcer la situation contre laquelle elle avait été initialement créée, à savoir un contexte de *séduction* instauré par l'analyste et inextricable pour le patient qui, détourné de lui-même et de ses processus intrapsychiques, se « met en quête, sur un mode paranoïde, des complexes de l'analyste » (Ferenczi, 1932).

Par ailleurs, quel sens donner à ce matériel étrange dont il est manifestement si difficile de savoir comment il s'organise, et à qui, du patient ou de l'analyste, l'assigner ? Dès lors, devant les *difficultés contre-transférentielles* qu'il rencontre, Ferenczi en vient à conclure que *l'analyse mutuelle* rendait compte de l'*insuffisance de sa propre analyse personnelle*.

D'où le constat douloureux et amer, en date du 3 juin 1932, dans le *Journal clinique* : « Analyse mutuelle : seulement un pis-aller ! Une analyse authentique par quelqu'un d'étranger, sans aucune obligation, ce serait mieux. »

RADICALISATION ET LIMITES DE LA TECHNIQUE

La grande leçon d'humilité et de vérité analytique qui ressort du *Journal clinique* témoigne de la tentative désespérée de son auteur à entreprendre une exploration aussi avancée que possible du *contre-transfert* au sein de la cure.

Ce document, initialement à caractère purement privé, car il s'agit de notes prises au jour le jour, peut aussi se lire et s'entendre comme la *plainte* que porte Ferenczi à l'encontre de Freud qui interroge la négativité d'un transfert de type paternel non véritablement abouti – ou « sans fin » (1937) – tandis que son génial élève et disciple semblait implicitement demander, par le biais de ses multiples innovations techniques, une *réparation d'origine maternelle* (Bokanowski, 2000 et 2015). De ce point de vue, il semble que *l'analyse mutuelle* a pu prendre sa source dans le désir de Ferenczi de se retrouver avec Freud dans une position préconflictuelle, pré-ambivalente, proche de l'*amour primaire*.

Ainsi, il semble que l'*échec*, comme le *drame*, de Ferenczi, pris dans une radicalisation de certaines de ses positions théorico-pratiques, est *d'avoir confondu, par moments, la méthode analytique avec la technique analytique*.

Confondant la structure adulte et la structure infantile de la personnalité, il semble réduire l'adulte à l'enfant et ainsi oublier qu'il est en présence des aspects *infantiles* de son patient et de l'*enfant d'autrefois* chez cet adulte.

Cette confusion procède de son identification par trop excessive à son patient qui, dans la situation analytique, deviendrait alors « réellement » un enfant exprimant les attaques provenant « réellement » de l'objet.

Quels qu'aient pu être les « aléas » de ses aventures techniques, on doit reconnaître que le grand mérite de Ferenczi est d'avoir été celui qui, dans sa génération analytique, a certainement le plus œuvré pour faire entendre que le *contre-transfert* n'est pas un obstacle, mais bien au contraire, l'un des *instruments essentiels* du travail analytique, véritable *outil* qui tient lieu, à certains moments, de seule authentique *boussole* analytique.

RÉFÉRENCES BIBLIOGRAPHIQUES

Bokanowski T. (2000), « Une lecture d'"Analyse avec fin et analyse sans fin" », *Revue française de psychanalyse*, LXIV/2, p. 565-579.

Bokanowski T. (2015), « Des sources affectives jamais taries… Ferenczi, la technique analytique et la position "maternelle" », *Revue française de psychanalyse*, LXXIX/2, p. 381-393.

Ferenczi S. (1909/1968), « Transfert et introjection », *Psychanalyse I*, Paris, Payot.

Ferenczi S. (1919/1970), « La technique psychanalytique », *Psychanalyse II*, Paris, Payot.

Ferenczi S. (1921/1974), « Prolongements de la "technique active" en psychanalyse », *Psychanalyse III*, Paris, Payot.

Ferenczi S. (1926/1974), « Contre-indication de la technique active », *Psychanalyse III*, Paris, Payot.

Ferenczi S. (1928/1982), « Élasticité de la technique analytique », *Psychanalyse IV*, Paris, Payot.

Ferenczi S. (1929/1982), « Principe de relaxation et néocatharsis », *Psychanalyse IV*, Paris, Payot.

Ferenczi S. (1933/1982), « Confusion de langue entre les adultes et l'enfant. Le langage de la tendresse et de la passion », *Psychanalyse IV*, Paris, Payot.

Ferenczi S. (1932/1985), *Journal clinique (janvier-octobre 1932)*, Paris, Payot.

Ferenczi S., Rank O. (1924/1994), *Perspectives de la psychanalyse*, Paris, Bibliothèque scientifique Payot.

Freud S. (1910/1993), « Les chances d'avenir de la thérapie psychanalytique », *OCF.P*, X, p. 67.

Freud S. (1918 [1914]/1988), « À partir de l'histoire d'une névrose infantile », *OCF.P*, XIII, Paris, Puf.

Freud S. (1920/1996), « Au-delà du principe de plaisir », *OCF.P.*, XV, Paris, Puf.

Freud S. (1937/2010), « L'analyse finie et l'analyse infinie », *OCF.P.*, XX, Paris, Puf.

Freud S., Ferenczi S. (1992, 1996, 2000), *Correspondance*, I, II et III, Paris, Calmann-Lévy.

Contre-transfert et régression d'hier à aujourd'hui

Jean-Damien HURET, Catherine DEJEAN[1]

Freud (1910) introduit le concept de contre-transfert au congrès de l'API à Nuremberg en 1910, mais c'est en de très rares occasions qu'il fait allusion au concept. Le contre-transfert serait pour lui tout à la fois une limite et un instrument ; et la seule façon d'échapper à ce dilemme est un recours technique : ne jamais cesser d'approfondir sa propre analyse.

On comprend dans cette conception que le « contre-transfert » désignerait un mouvement chez l'analyste, en rapport avec l'influence qu'exerce sur lui le patient, qu'il pourrait ne pas être en mesure de recevoir. On pourrait saisir là l'origine de la dénomination « contre »-transfert.

Mais comment évoquer le « contre-transfert » sans parler du transfert ? Dans « La dynamique du transfert » (Freud, 1912), on relève un contraste entre les intuitions freudiennes concernant les qualités des émois infantiles du patient dans le transfert liés à la régression et la traduction qu'il en fait en termes de « résistances » :

---

1. Psychiatres, psychanalystes, membres de la SPP.

> Les émois inconscients tendent à échapper à la remémoration voulue par le traitement, mais cherchent à se reproduire suivant le mépris du temps et la faculté d'hallucination propre à l'inconscient [...] Cette lutte entre le médecin et le patient, entre l'intellect et les forces instinctuelles [...], se joue presque exclusivement dans les phénomènes de transfert.

Cette lutte serait-elle l'effet du contre-transfert de Freud face à la dimension de régression du patient dans le transfert ?

En fait, le contraste que nous relevons relativement à ce texte de Freud est lié au fait que Freud, pour conserver le modèle transfert et névrose de transfert, opte pour l'interprétation de la régression comme résistance, en abandonnant ses intuitions concernant les qualités des émois infantiles. Freud et Winnicott ont des approches différentes relativement à la notion de régression : Freud se place dans la névrose de transfert sous l'angle d'un courant rétrograde de la libido vers un point de fixation. Winnicott entend une régression à la dépendance intense liée à un empiétement traumatique précoce dans la toute petite enfance avant même une structuration avancée de l'appareil psychique. Elle est en rapport avec la fonction de relation du moi et de ses besoins pour sortir de l'indifférenciation, détachée des stades et du développement pulsionnel.

Avant de poursuivre, faisons un retour à Ferenczi avec cette acceptation de la réceptivité de l'analyste aux mouvements psychiques, notamment des patients « limites ». Dans « Perspectives de la psychanalyse », coécrit avec O. Rank en 1923, citons Ferenczi (p. 33) :

> Notre technique analytique actuelle laisse les affects ayant un effet pathogène se dérouler par rapport au médecin et à l'analyse, donc dans la situation analytique, et n'utilise ces manifestations affectives que pour qu'elles contribuent

> à amener les éléments du passé, qui ont eu un effet traumatique, à être remémorés ou reproduits.

Ferenczi reprend ici l'intuition laissée de côté par Freud de l'importance de la reproduction de l'expérience vécue dans le transfert, issue des émois infantiles « au mépris du temps ».

Ce n'est donc pas la seule remémoration, mais bien « la compulsion de répétition, en fait, les multiples manifestations du transfert, qui doivent essentiellement faire l'objet de l'élaboration aux fins de transformer des éléments répétés en souvenirs actuels » (*ibid.*). C'est donc le rôle de l'analyste de considérer ces éléments comme le véritable matériel inconscient afin de les amener à la conscience.

La compréhension clinique par Ferenczi des effets pernicieux de la compulsion de répétition pendant les cures psychanalytiques l'a conduit à considérer le transfert comme l'actualisation des traumas de l'enfance. Les effractions psychiques précoces disqualifient et dénient la reconnaissance de la pensée et des affects. Il en résulte au sein du psychisme immature de l'enfant, la création d'un trauma qui engendre un clivage.

> L'un des grands mérites de Ferenczi est d'avoir intuitivement perçu l'importance du couple trauma-clivage ; il voit en celui-ci un fil rouge qui lui permet l'abord de certaines conjonctures complexes, voire de certaines impasses transféro-contre-transférentielles qui leur sont liées (Bokanowski, 1995, p. 136).

L'avenir de l'analyse serait donc dans le fait de privilégier le transfert et son complément, le contre-transfert, à partir desquels s'ouvre l'exploration des couches les plus profondes de la psyché, sans qu'aucune limite ne soit *a priori* donnée à la régression là où le symbolique n'a pas cours, recelant des vécus jamais pleinement éprouvés du fait de l'immaturité de l'appareil psychique de l'enfant ou de la violence des traumas précoces.

Winnicott adopte une conception du terme « contre-transfert » en ce qui concerne l'incapacité momentanée de l'analyste de régresser relative à son patient. Pour qu'il ait cette capacité, sa propre analyse doit avoir abordé les expériences de la toute petite enfance, notamment avec « l'objet subjectif », dans l'indistinction de l'hallucinatoire (indistinction des premiers temps où hallucination et perception sont confondues).

À la fin de son article sur le contre-transfert, Winnicott dit : « Ne serait-il pas mieux de laisser le terme de contre-transfert revenir à sa signification ? » (1960, p. 357). Sans remettre en cause les réactions conscientes et inconscientes de l'analyste au contact des parties psychotiques du patient et les effets sur son attitude professionnelle, Winnicott pense qu'il ne peut résulter que de la confusion « si pour recouvrir tout cela l'on cherche trop à étendre le terme contre-transfert ». En ce sens, il reste résolument freudien.

Le couple trauma-clivage décrit par Ferenczi dans la clinique des patients « limite » a sans doute inspiré Winnicott (1954) dans sa conception du « faux self ». Pour Winnicott, « Freud nous a laissé le soin d'étudier, entre autres, la place qu'occupe la régression dans le travail analytique ».

Le cadre freudien, le choix des patients de Freud montrent que les expériences de sa petite enfance avaient été suffisamment bonnes, de sorte que dans son auto-analyse il a pu considérer comme allant de soi le maternage du petit enfant. Ce faisant, « il a pris le cas de patients qui avaient été convenablement pourvus dans la première enfance » et « le travail sur les phases pré-génitales n'a pas pu porter tous ses fruits [...] » (Winnicott, 1954, p. 257).

« Ajoutons que pour Freud il y a 3 personnes, l'une d'elles étant exclue du cabinet de l'analyste. S'il n'y a que 2 personnes en jeu, c'est qu'il y a eu régression du patient dans la situation analytique ; le cadre représente alors la mère avec sa technique, le patient étant un petit enfant» (*ibid.*). Winnicott va explorer un stade de régression plus avancé, dès lors il n'y a plus qu'une seule personne présente dans l'analyse, «même si, du point de vue de l'observateur, ils sont deux» (*ibid.*, p. 259).

Winnicott classifie les cas selon l'équipement technique que ses patients exigent de l'analyste et distingue trois catégories de cas (*ibid.*, p. 251). Dans les deux premières, la névrose de transfert et l'analyse de la position dépressive, la technique classique et son cadre ne nécessitent pas d'adaptation particulière. L'analyste peut alors conserver son attitude professionnelle. Dans «Le contre-transfert» (Winnicott, 1960, p. 353), il définit l'«attitude professionnelle», comparable au symbolisme, en ce sens qu'elle suppose une distance entre l'analyste et le patient. Le patient qui permet à l'analyste cette attitude professionnelle a parcouru le cheminement de l'objet subjectif à l'objet perçu objectivement sans trop d'empiètement-effraction de l'environnement.

Abordant le travail avec les patients pour lesquels une régression est nécessaire, il ne s'agit plus d'attitude professionnelle, mais de «rôle»:

> L'analyste devra être capable d'assumer le rôle de la mère envers le patient redevenu nourrisson. Cela signifie qu'il faut apporter un soutien considérable au moi. Le patient limite brise ces barrières que j'ai appelées la technique de l'analyste et son attitude professionnelle; il impose une relation directe, de nature primitive, qui va même jusqu'à la fusion (*ibid.*, p. 356).

Dans cette occurrence, Winnicott évoque le cas d'une patiente pour laquelle il était nécessaire d'établir un diagnostic analytique tenant compte du développement très précoce d'un faux self. «Pour que le traitement fût efficace, il fallait une régression pour rechercher le self authentique.» Il n'a donc rien tenté pour intervenir dans le processus régressif qui a suivi son cours, lequel a duré trois ou quatre ans. « À partir de là s'amorça un progrès dans le développement affectif» (Winnicott, 1954, p. 252).

Voici ce que nous constatons :
- un défaut d'adaptation du milieu qui aboutit au développement d'un faux self;
- la conviction qu'il existe la possibilité d'une rectification de la carence primitive représentée par une capacité latente de régresser ; cela implique une organisation complexe du Moi. [Winnicott insiste ici sur l'intuition qu'il y a la possibilité d'une rectification de la carence primitive, c'est-à-dire qu'il y a eu la possibilité d'instaurer un temps de vrai self avant le développement du faux self] ;
- un milieu spécialisé est offert (la situation analytique) et il s'ensuit une régression effective ;
- un développement affectif nouveau à partir de là (*ibid.*, p. 254).

Lorsque Winnicott parle de régression, il sous-entend l'existence d'une organisation du moi et la menace d'un chaos dont il est important d'évaluer le risque. Tout se passe comme s'il y avait l'espoir de la survenue de conditions favorables permettant une régression qui offrent l'occasion d'un développement nouveau, développement rendu impossible, à l'origine, en raison de la carence de l'environnement.

« J'examine l'idée de régression dans le cadre d'un mécanisme de défense du moi très organisé, un mécanisme qui implique l'existence d'un faux self. » Chez la patiente dont il parlait, ce faux self est devenu « self de garde » et ce n'est qu'après plusieurs années que ce gardien s'est livré à l'analyste et que

> le faux self a cédé au moi […] il est normal et sain qu'un individu soit capable de défendre le self contre une carence spécifique de l'environnement « en gelant la situation de carence ». Dans cette organisation défensive, il y a une hypothèse inconsciente : une nouvelle expérience se présentera ultérieurement, la situation de carence sera alors dégelée et revécue. L'environnement permet le développement de la qualité instinctuelle, l'émergence de la pulsion. La théorie avancée ici est celle de la régression faisant partie d'un processus de guérison (*ibid.*, p. 255).

Le gel de la situation de carence est comparable à un point de fixation dans le développement du moi, à différencier du point de fixation de la libido chez Freud.

La régression à la dépendance comme actualisation d'une situation de carence offre l'espoir d'une occasion de dégel de la situation gelée et d'une chance que l'environnement – celui d'aujourd'hui, la situation analytique – accomplisse une adaptation suffisamment bonne.

La conception de l'évolution du faux self en « self de garde » semble très pertinente cliniquement dans la mesure où la construction d'un faux self est un recours protecteur face au risque de réexposer le vrai self au vivant, avec l'angoisse de la répétition d'une situation de carence. Ce faux self constitue une défense solide contre l'évolution du processus analytique et justifie l'importance du temps à respecter face à la phase de régression.

Winnicott insiste sur le rôle de l'environnement qu'on ne peut pas laisser de côté lorsqu'il s'agit du développement primitif du Moi.

La survenue de la régression dans le cadre analytique s'inscrit dans un processus de guérison. Le cadre analytique reproduit les techniques primitives du maternage, ce qui invite à la régression en raison de sa stabilité. La régression d'un patient est un retour organisé à une dépendance primitive. Par l'accueil de l'analyste et le cadre (holding), le patient retrouve la situation heureuse du narcissisme primaire. À partir du narcissisme primaire, il est possible de progresser à nouveau, le vrai self étant en mesure de faire face à des situations de carence sans avoir recours à l'organisation des défenses qui utilisent un faux self pour protéger le self authentique.

Cependant, la nouvelle position du moi étant fortifiée, la colère est mise en rapport avec la carence primitive ressentie dans le présent et exprimée. « Cette colère est ressentie, peut-être pour la première fois, et il est possible que l'analyste soit utilisé pour ses carences à lui plutôt que pour ses succès, ce qui est déconcertant si on ne le comprend pas » (*ibid.*, p. 262). « Le progrès a été mené à bien parce que l'analyste a très soigneusement tenté l'adaptation, et pourtant, c'est l'échec qui, à ce moment particulier, apparaît important » (*ibid.*, p. 263). La reproduction du traumatisme primitif semble inévitable. Pourtant son effet inattendu, déroutant, atteint l'analyste au vif de sa personne, surtout s'il reste dans l'incompréhension ou pris dans un contre-transfert négatif inconscient.

En effet, Winnicott a dû fournir un travail coûteux, voire « pénible ». Il lui a fallu « examiner sa propre technique en rapport avec un phénomène de contre-transfert qui nécessitait une auto-analyse plus poussée ». Dans cette régression à la dépendance, l'analyste doit répondre au besoin. Il n'est pas dans une écoute flottante. « Tenir » un patient régressé demande une attention soutenue. L'analyste tente très soigneusement l'adaptation et, malgré la tension considérable à supporter, « il ne s'est pas senti perplexe ». À l'image de la mère ordinaire dévouée, il est dans un « état organisé qui pourrait être comparé à une maladie, un état de repli ou de dissociation, la préoccupation maternelle primaire » (Winnicott, 1956, p. 287). Sa personne n'est pas reconnue et, pourtant, il a la capacité d'accepter cet état d'hypersensibilité, d'adaptation au plus près, et de s'en remettre. « L'analyste a plus de pression à supporter pour maintenir sa haine latente » (Winnicott, 1947, p. 78).

Pour Roussillon (1999a), Winnicott rend possible une clinique des situations aux limites de l'analysable en établissant un contact avec les zones potentielles du patient et restaurant ainsi une aire transitionnelle de jeu.

Winnicott, sans réellement théoriser, ouvrant au lecteur un espace de créativité, décrit son adaptation au besoin de ces patients d'une « relation directe de nature primitive ». Il laisse la situation évoluer d'une manière graduelle et ordonnée avec « une confiance en la nature humaine et dans le processus de développement » (1954, p. 266), il maintient sa haine latente « en s'en rendant tout à fait compte » (1947, p. 78).

Et, dans le récit de leur analyse, W. H. Guntrip (1977) et M. Little (1986) nous ont offert d'émouvantes descriptions de ce travail vivant.

Pour Roussillon, la situation analytique pour les patients « limite », offrant la possibilité d'une régression, permet l'actualisation d'expériences vécues précoces non subjectivées dans le transfert. Ces actualisations dans le transfert mobilisées par la compulsion à la répétition impliquent toujours un processus hallucinatoire. « Le transfert mêle le retour hallucinatoire de l'expérience non intégrée aux expériences du présent » (2014, p. 1631).

Ces actualisations à la recherche d'intégration portent une valence traumatique massive liée à la décharge hallucinatoire en l'absence de la mère. L'actualisation dans le transfert reproduit l'expérience archaïque qui a provoqué le clivage du self en vrai et faux self.

Le mode de présence de l'analyste est alors fondamental pour qu'il puisse être réceptif aux affects du patient régressé, accueillir l'identification projective (Bion) du patient, condition pour initier une symbolisation de l'expérience restée en souffrance. La situation analytique offre alors la présence d'un environnement facilitateur, un environnement qui « soutient et maintient la possibilité du jeu » (Roussillon, 1999a, p. 16).

Ce mode de présence est bien différent de l'« attitude professionnelle » : « le travail que l'analyste effectue avec ses facultés intellectuelles [...] Avec un effort mental aisé, mais conscient, des idées me viennent, des sentiments apparaissent ; ils sont étudiés et passés au crible avant qu'une interprétation soit faite » (Winnicott, 1960, p. 354).

Avec les patients limite, la quantité d'affects brusquement éveillée peut parfois être très importante ; l'issue du traitement peut rester indécise pendant une longue période et le type d'angoisse suscitée chez l'analyste, en dehors de l'angoisse objective qu'il ressent, est souvent « une angoisse en rapport avec la survie » (Little, 2005, p. 226-227).

Le travail contre-transférentiel engage la personne de l'analyste (psyché-soma et intellect), sa capacité à plonger dans un état d'hypersensibilité et à mettre en sommeil l'intellect. Il est soumis à une surcharge issue des processus primaires du patient, hors langage, hors temps, hors limites moi-non-moi, sujet-objet. Pour Winnicott, le cadre est plus important que l'interprétation.

Après Winnicott, de nombreux auteurs ont dû théoriser cette nécessité de traiter les effets négatifs des traumas infantiles avec, peut-être, ce point de rencontre possible qui serait de « prêter » son psychisme, d'éprouver sans distanciation et sans comprendre. C. et S. Botella proposent l'hypothèse d'un tissage des éléments issus du pôle hallucinatoire et du pôle perceptif. M. de M'Uzan, quant à lui, souligne l'intérêt thérapeutique d'un brouillage des limites moi-non-moi, une « dilatation du narcissisme » proche de l'introjection de Ferenczi.

C. et S. Botella (2001, p. 91-115) décrivent « le travail en double », dans la perspective de remédier aux défaillances représentationnelles évidentes chez les patients « limite », dans un « état de séance » lié à la régression dans la situation analytique. « Dans cet état de séance, le travail en double opère une complémentarité entre les deux psychismes, de l'analysant et de l'analyste, ce dernier, faisant preuve d'une réceptivité remarquable, reflète en lui ce qui n'est que potentiel chez l'analysant [...]. » Pour y parvenir, la pensée de l'analyste tolère la régrédience et

> il se trouve confronté à la régression formelle de sa pensée, à l'inconnu. Il n'est alors pas loin de l'enfant face à l'inconnu traumatique [...] Sans l'entrave du contre-transfert et du champ de la mémoire préconsciente, au plus près de l'inconnu de l'analysant, cause déclenchante de l'état de qualité de sa pensée, des interprétations particulièrement intuitives peuvent surgir chez l'analyste. Formées par voie régrédiente, ces interprétations frayent l'accès à l'irreprésentable autrement inatteignable chez l'analysant (*ibid.*, p. 112).

Les auteurs précisent que le travail en double ne se manifeste pas souvent ouvertement et la plupart du temps passe inaperçu à l'attention de l'analyste.

Par sa pensée originale, M. de M'Uzan, restant cependant proche de la communication d'inconscient à inconscient (Freud) dans le processus transféro-contre-transférentiel, conceptualise ce qu'il nomme « système ou fonctionnement paradoxal ». Certes, les identifications projectives et introjectives participent de ce fonctionnement ; mais aussi l'analyste vit un brouillage des frontières : « Le fonctionnement paradoxal concerne l'effacement des frontières entre le soi et le non-soi » (M'Uzan, 2008, p. 42-43). Ce paradoxal se réfère également à la notion de transitionnalité de Winnicott. Tout se passe comme si l'analyste tolérait une aliénation momentanée, acceptant une réceptivité particulière de son appareil psychique à l'émergence de pensées, images, paroles.

> On est en droit de supposer qu'elles correspondent à des processus psychiques qui se déroulent chez l'analysé et qui n'ont pas encore été détectés [...]. Les interprétations corrélatives aux pensées paradoxales confèrent une forme verbale aux représentations exclues qui, autrement, n'auraient pu recevoir aucun investissement préconscient [...] (M'Uzan, 1976, p. 166).

Pour conclure, chez les patients « limite », à la faveur de la régression à la dépendance dans la situation analytique, l'analyste est confronté à l'actualisation transférentielle d'expériences précoces traumatiques qui ne sont pas soumises au refoulement, mais en rapport avec le retour hallucinatoire du clivé. Le travail dans ces zones « à symboliser » peut permettre au patient d'établir un refoulement dans un second temps. Lors de ce travail, l'analyste, dans son contre-transfert, peut être alors mobilisé par la quantité brusquement éveillée, qui peut perturber son « attitude professionnelle ».

Il s'agit de pouvoir régresser avec le patient dans ce climat de « transfert paradoxal » (transfert par retournement) où « l'analysant vient faire sentir ou voir un pan de lui qu'il ne perçoit pas directement » (Roussillon, 1999b, p. 14), « une expérience à la fois éprouvée et en même temps non constituée comme une expérience du Moi » (*ibid.*, p. 20) ; une expérience projetée par identification projective qui vient solliciter les vécus d'enfance de l'analyste. Cet engagement peut inspirer méfiance, voire le risque d'être envahi, induit, par le patient, de ne pas « survivre », d'être délogé de son propre psychisme, de subir un ébranlement identitaire, d'être privé de sa capacité représentative par sidération du préconscient. Ce consentement au travail de contre-transfert permet d'offrir une réceptivité aux actualisations transférentielles traumatiques qui, si l'analyste n'y consentait pas, pourrait mener à l'interprétation en « réaction thérapeutique négative ».

L'analyste qui tolère sa propre régression mobilise alors une réceptivité inconsciente pour déjouer l'expérience traumatique d'origine en lui offrant une figuration.

RÉFÉRENCES BIBLIOGRAPHIQUES

Bokanowsky T. (1995), « Le couple "trauma-clivage" dans le "Journal clinique" de Ferenczi », dans *Sandor Ferenczi*, Paris, Puf, « Monographies de la Revue française de psychanalyse », p. 133-143.

Botella C. et S. (2001), « Le travail en double », dans *La Figurabilité psychique*, Lausanne-Paris, Delachaux et Niestlé, p. 91-115.

Freud S. (1910), « Les chances d'avenir de la situation analytique », dans *La Technique psychanalytique*, trad. fr. A. Berman, Paris, Puf, 1953 ; *OCF.P*, X, Paris, Puf, 1993.

Freud S. (1912), « La dynamique du transfert », dans *La Technique psychanalytique*, trad. fr. A. Berman, Paris, Puf, 1953 ; *OCF.P*, XI, Paris, Puf, 1998.

Ferenczi S., Rank O. (1923/1995), « Perspectives de la psychanalyse », dans *Sándor Ferenczi*, Paris, Puf, « Monographies de la Revue française de psychanalyse », p. 19-47.

Guntrip H. (1977), « Mon expérience de l'analyse avec Fairbain et Winnicott, "Mémoires" », *Nouvelle Revue de psychanalyse*, 15, p. 15-27.

Le Guen C. (2008), « Régression », dans *Dictionnaire freudien*, Paris, Puf, p. 1316-1331.

Little M. I. (1986), « Un témoignage, en analyse avec Winnicott, "L'amour de la haine" », *Nouvelle Revue de psychanalyse*, p. 281-310.

Little M. I. (2005), « Des états limites », trad. fr. G. Nagler, Paris, Éditions des Femmes, 2e éd., p. 226-227.

M'Uzan de (2008), *La Chimère des inconscients*, Paris, Puf, « Petite bibliothèque de psychanalyse », p. 42-43.

M'Uzan de (1976/1977), « Contre-transfert et système paradoxal », dans *De l'art à la mort*, Paris, Gallimard, p. 164-181.

Roussillon R. (1999a), « Actualité de Winnicott », dans A. Clancier, J. Kalmanovitch (dir.), *Le Paradoxe de Winnicott*, Paris, In Press, p. 9-26.

Roussillon R. (1999b), « Traumatisme primaire, clivage et liaisons primaires non symboliques », *Agonie, clivage et symbolisation*, Paris, Puf, p. 9-34.

Roussillon R. (2014), « L'actualisation de l'archaïque et les conditions de ses après-coups », *Revue française de psychanalyse*, LXXVIII/5, p. 1630-1636.

Winnicott D. W. (1947/1969), « La haine dans le contre-transfert », dans *De la psychiatrie à la psychanalyse*, Paris, Payot, p. 72-82.

Winnicott D. W. (1954/1969), « Les aspects métapsychologiques et cliniques de la régression au sein de la situation analytique », dans *De la psychiatrie à la psychanalyse*, Paris, Payot, p. 250-267.

Winnicott D. W. (1956/1969), « La préoccupation maternelle primaire », dans *De la psychiatrie à la psychanalyse*, Paris, Payot, 1969, p. 287.

Winnicott D. W. (1960/1969), « Le contre-transfert », dans *De la psychiatrie à la psychanalyse*, Paris, Payot, p. 350-358.

Lacan et le contre-transfert

Gilbert DIATKINE[1]

Dans son « Rapport de Rome » (Lacan, 1953) et dans ses textes postérieurs, réunis dans les *Écrits*, Lacan révise de fond en comble la théorie psychanalytique. Le plus souvent, il affirme seulement vouloir rendre aux concepts freudiens leur signification véritable, oubliée par les successeurs de Freud. Le contre-transfert est, avec la résistance et le Surmoi, l'un des rares concepts freudiens que Lacan critique ouvertement.

LE CONTRE-TRANSFERT COMME EXPRESSION DES PRÉJUGÉS DE L'ANALYSTE

Freud définit le contre-transfert comme l'effet de l'influence du patient sur la sensibilité inconsciente [*das unbewusste Fühlen*] de l'analyste (Freud, 1910, p. 67). Lacan y voit seulement l'expression des préjugés de l'analyste :

> lorsque les préjugés de l'analyste (c'est-à-dire son contre-transfert, terme dont l'emploi correct à notre gré ne saurait être étendu au-delà des raisons dialectiques de l'erreur) l'ont fourvoyé dans son intervention il le paie aussitôt de

1. Psychanalyste, membre titulaire formateur de la SPP.

> son prix par un transfert négatif. Car celui-ci se manifeste avec une force d'autant plus grande qu'une telle analyse a déjà engagé plus loin le sujet dans une reconnaissance authentique, et il s'ensuit habituellement la rupture.
> C'est bien ce qui est arrivé dans le cas de Dora, en raison de l'acharnement de Freud à vouloir lui faire reconnaître l'objet caché de son désir en cette personne de M. K. où les préjugés constituants de son contre-transfert l'entraînaient à voir la promesse de son bonheur (Lacan, 1953/1966, p. 305).

LE CONTRE-TRANSFERT PRÉCÈDE LE TRANSFERT

Par « préjugés », Lacan entend que Freud, armé de ses connaissances psychanalytiques, sait d'avance la signification ce que Dora lui dit, sans avoir besoin d'écouter ses associations. Par exemple, si Dora a rêvé d'une boîte à bijoux, c'est qu'elle parlait de ses organes génitaux (Freud, 1905, p. 50). Si elle a rêvé du feu, c'est qu'elle a été énurétique (*ibid.*, p. 52). Les « préjugés » dont il s'agit sont les connaissances psychanalytiques de Freud, et non des idées préconçues, conformes à la morale de son temps.

Dans ce sens, pour Lacan, le contre-transfert précède le transfert. Pour lui, « il n'y a d'autre résistance que celle de l'analyste » (Lacan, 1954, p. 377). D'une façon plus générale, c'est « l'offre » de l'analyste qui est à l'origine de la « demande » du patient (Lacan, 1958, p. 617).

Michel Neyraut a développé cette idée que le contre-transfert précède le transfert dans son livre *Le Transfert* : dans l'histoire de la psychanalyse, on pourrait dire que l'*Esquisse* et les travaux qui précèdent *Dora* sont une résistance à la découverte du concept de transfert (Neyraut, 1974, p. 19). Freud a mis ses patients sur un divan parce qu'il ne supportait pas qu'on le regarde douze heures par jour. C'est un exemple de précession du contre-transfert sur le transfert (*ibid.*, p. 20).

Et surtout, les moments réflexifs chez l'analyste participent aussi du contre-transfert (*ibid.*, p. 29).

L'OBJECTIVATION DU SUJET

Lacan voit dans le contre-transfert ainsi conçu un risque « d'objectivation » du sujet :

> Le danger n'y est pas de la réaction négative du sujet, mais bien plutôt de sa capture dans une objectivation, non moins imaginaire que devant, de sa statique, voire de sa statue, dans un statut renouvelé de son aliénation. Tout au contraire l'art de l'analyste doit être de suspendre les certitudes du sujet, jusqu'à ce que s'en consument les derniers mirages. Et c'est dans le discours que doit se scander leur résolution (Lacan, 1953, p. 251).

CONTRE-TRANSFERT ET FORMATION PSYCHANALYTIQUE

Les « préjugés » de l'analyste, entendus dans ce sens, jouent un rôle particulièrement grave dans l'analyse de formation. En effet, à l'époque où Lacan développait cette critique, dans tous les instituts de psychanalyse se réclamant de l'Association psychanalytique internationale, c'est l'analyste lui-même qui informait du degré d'avancement de sa cure la Commission chargée de l'évaluation du candidat. La capacité du futur analyste d'analyser son contre-transfert était au cœur de cette évaluation. En effet, la découverte des passages à l'acte contre-transférentiels de plusieurs de ses élèves avait poussé Freud à demander en 1910, au Congrès international de Nuremberg, que tout futur psychanalyste commence par se faire lui-même analyser (Freud, 1910, p. 67). L'Association internationale de psychanalyse fut fondée au même congrès pour que chaque Société de Psychanalyse locale respecte les mêmes règles de formation. La systématisation des règles de formation des instituts de psychanalyse de façon identique partout dans le monde ne commence qu'à partir de 1923, avec la création de l'Institut de Berlin par Max Eitingon et Karl Abraham (lettre de Max Eitingon à Freud, 27 février 1923).

Longtemps, on a pensé que l'analyste du candidat était le mieux placé pour juger de l'avancement de sa cure. Lacan voit bien que l'attribution de ce rôle à l'analyste peut empêcher le futur analyste de parler librement et l'amener à se conformer à ce qu'il pense être l'image idéale de ce qu'il croit être celle de son analyste.

Lacan dénonce donc « la fausse consistance de la notion de contre-transfert, sa vogue et les fanfaronnades qu'elle abrite [qui] s'expliquent de servir ici d'alibi : l'analyste s'y dérobe à considérer l'action qui lui revient dans la production de la vérité » (Lacan, 1955a, p. 332).

Il fulmine contre le « dressage » du « Moi dit faible » du patient par le Moi « fort » de l'analyste (*ibid.*, p. 588), avec la crainte que l'interprétation ne soit remplacée par « l'ouverture d'une relation plus large où enfin l'on se comprend ("par le dedans" sans doute) » (*ibid.*, p. 595).

Depuis la fin du siècle dernier, les Instituts de l'API ont cessé les uns après les autres de faire intervenir l'analyste dans l'évaluation des candidats, ce qui a rendu caduque la critique de Lacan sur le rôle du contre-transfert dans la formation. Reste celle de la dimension objectivante du contre-transfert dans l'interprétation.

LA « PONCTUATION »

La conception du contre-transfert que dénonce Lacan est liée à une pratique de l'interprétation où l'analyste considère le patient objectivement, d'un point de vue scientifique. Freud a adopté cette position « objectivante » à plusieurs reprises, en employant toutes sortes d'images pour la décrire :

- interpréter, c'est « extraire du minerai des idées fortuites le pur métal des pensées refoulées » (Freud, 1904a, p. 4) ;
- l'analyse travaille *per via di levare*, en extirpant ce qui a engendré les symptômes morbides, et donc en cherchant d'abord à les découvrir, et à comprendre les résistances qui font que le malade s'accroche à la maladie (Freud, 1904b, p. 13-14. Même image dans Freud, 1916, p. 487) ;
- « [...] la traduction de cet inconscient en conscient dans le psychisme du malade doit avoir pour résultat de ramener ce dernier à la normale et de supprimer la contrainte à laquelle est soumise sa vie psychique » (Freud, 1904b, p. 20) ;
- « Les interprétations de la psychanalyse sont tout d'abord la traduction d'une modalité d'expression étrangère à nous en la manière d'expression familière de notre pensée [...] Lorsque nous interprétons un rêve, nous ne faisons que traduire un certain contenu de pensée (les pensées latentes du rêve) à partir du "langage du rêve" dans notre vie vigile » (Freud, 1913, p. 198).

Pour ne pas « objectiver » son patient, Lacan propose de remplacer l'interprétation classique, qui explique au patient le sens de ce qu'il a dit, par une simple « ponctuation », qui souligne le double sens d'un mot, en le répétant ou en le commentant brièvement. La ponctuation n'objective pas le patient. En effet, elle peut signifier que le patient a dit une chose importante aux yeux de l'analyste, qu'il a prononcé une « parole pleine » (Lacan, 1953, p. 252 et p. 313). Mais elle peut tout aussi bien montrer qu'il n'articule que des « paroles vides » et vaincre ainsi une résistance (*ibid.*, p. 315).

LE RETOUR À FREUD

La conception « objectivante » de l'interprétation que Lacan critique chez les successeurs de Freud existe indubitablement chez celui-ci. Mais Freud a une seconde conception de l'interprétation. Dans celle-ci, au début d'une séance, l'analyste a retenu peu de choses de ce qui s'est dit précédemment : « Le reste du matériel, encore sans cohérence, dans un désordre chaotique [lui] semble tout d'abord englouti ». Pourtant, une partie du matériel oublié par l'analyste « émerge volontiers dès que l'analysé avance un élément nouveau, avec lequel il peut se mettre en relation et par lequel il peut se poursuivre » (Freud, 1912a, p. 147).

Très souvent, cet élément nouveau est un « mot équivoque », c'est-à-dire un mot à double sens, qui donne un nouveau sens après-coup au matériel antérieur (*ibid.*, p. 148). L'après-coup est un des concepts que les psychanalystes avaient oubliés et que Lacan a redécouverts (Lacan, 1953, p. 256).

Dès 1905, Freud a noté le rôle de ces « mots équivoques » :

> Des mots équivoques sont dans la voie des associations comme des aiguilles. On met l'aiguille autrement qu'elle ne semble être placée dans le contenu du rêve, on arrive au rail sur lequel se meuvent les idées recherchées et encore dissimulées derrière le rêve.

Les mots à double sens sont présents dans presque tous les exemples cliniques d'interprétations donnés par Freud. Dans cette seconde conception freudienne de l'interprétation, l'analyste ne sait pas, quand il donne une interprétation à son patient, si elle est exacte. Ce qui va le lui apprendre, c'est la réponse du patient : un assentiment poli ne confirme pas l'interprétation, mais ne signifie pas non plus que l'interprétation était fausse ; une dénégation, suivie de l'apparition d'un matériel auquel l'analyste ne s'attendait pas, mais qui confirme l'interprétation, est le meilleur signe qu'elle était juste. La réponse du patient donne à son tour un nouveau sens après-coup à la parole de l'analyste.

Lacan a redécouvert et systématisé cette seconde version freudienne de l'interprétation : au début de la séance, le patient ne sait pas ce qu'il dit et il suppose que l'analyste le sait. De son côté, l'analyste, « supposé savoir » (Lacan, 1963-1964, p. 210), ne comprend pas plus que le patient la signification inconsciente de ce que dit le patient, car il a oublié ce qui a été dit dans les séances précédentes (Lacan, 1953, p. 308). Dans la terminologie de Lacan, on pourrait dire que l'un comme l'autre, sont des « sujets barrés ». Le refoulement de l'analyste est levé par son écoute d'une expression singulière employée par le patient, que Lacan nomme un « signifiant », et dont l'analyste entend qu'elle a un second sens, qui est un second « signifiant ». Entre le premier et le second signifiant se dessine pour l'analyste un réseau qui lui permet de construire un panorama souvent très étendu du « sujet de l'inconscient ». À ce moment où un signifiant du patient lève un refoulement chez l'analyste, le « sujet de l'inconscient » est du côté de l'analyste. Lacan condense l'ensemble de ce processus dans la formule en apparence absurde : « un signifiant, c'est ce qui représente le sujet pour un autre signifiant » (Lacan, 1960, p. 819 ; 1964, p. 180). Mais au moment où il énonce une interprétation, il ne sait de nouveau pas si ce qu'il dit est réellement une interprétation. Il saura que c'en est une si le patient apporte en réponse un matériel auquel il ne s'attend pas. Le sujet de l'inconscient passe donc du côté du patient. Si en écoutant ces nouvelles associations un nouveau refoulement est levé du côté de l'analyste, le sujet de l'inconscient repasse à nouveau de son côté. Le « sujet » apparaît et disparaît tour à tour dans le réseau des signifiants de la séance. Par analogie avec ce que Jones a décrit à propos de la possible apparition et disparition de la libido (Jones, 1927, p. 401 ; Jones, 1929, p. 289), Lacan appelle cette apparition et disparition du sujet, « aphanisis du sujet ». Elle implique que le sujet de l'inconscient est toujours divisé entre patient et analyste, et qu'il est donc aussi toujours aliéné (Lacan, 1963-1964, p. 189).

Dans tous les cas, c'est donc la suite des associations qui importe (Freud, 1937, p. 276-277). Or le plus souvent Lacan ponctue ce que le patient a dit, non seulement par quelques mots, mais en mettant fin à la séance. Il se prive ainsi de cette confirmation et de la suite du processus interprétatif.

CONTRE-TRANSFERT ET SÉANCES BRÈVES

Qu'est-ce qui empêchait si souvent Lacan de rester tranquillement assis dans son fauteuil et d'écouter son patient jusqu'à la fin de la séance, comme tous les analystes l'avaient fait jusque-là avant lui ? Quand Lacan a introduit cette innovation, qui n'avait jamais eu d'exemple, mais dont l'exécution eut de nombreux imitateurs, ses adversaires l'ont attribuée à un problème contre-transférentiel : Lacan exploitait le transfert de ses patients, par avidité, mais aussi par incapacité à refuser un cas supplémentaire. Quand on lit les récits de ses partisans les plus enthousiastes, comme Jean Allouch (Allouch, 1984) ou Gérard Haddad (Haddad, 2002), cette explication ne laisse pas de place au doute. Toutefois, elle me semble insuffisante. Certains psychanalystes sont avides d'argent et de notoriété, quelques-uns ont gravement abusé de leurs patients. Aucun n'a eu l'idée de raccourcir les séances. Que s'est-il passé dans l'histoire de Lacan qui explique cette singularité ? Grâce aux enquêtes minutieuses d'Élisabeth Roudinesco sur la biographie de Lacan, nous disposons de deux faits qui nous permettent de proposer une réponse :

- le premier est une lettre de l'ancien analyste de Lacan, Loewenstein, adressée le 22 février 1953 à Marie Bonaparte, et publiée par Célia Bertin dans son livre sur cette dernière. Loewenstein y révèle qu'au moment où Lacan a présenté sa candidature comme membre titulaire de la Société psychanalytique de Paris, en 1937, Loewenstein avait donné son accord, mais à la condition qu'il poursuive son analyse. Lacan avait promis de le faire, mais il avait interrompu son analyse aussitôt élu (Bertin, 1982, p. 382). En 1937, à la Société psychanalytique de Paris, comme dans toutes les sociétés de l'Association internationale de psychanalyse, l'analyste donnait un avis déterminant sur toutes les étapes de la formation de son patient ;
- le deuxième fait établi par E. Roudinesco est que, quand Lacan est devenu membre adhérent de la Société psychanalytique de Paris en novembre 1934, il a attendu près de dix ans pour exercer la psychanalyse. Plus précisément, il a alors pris en analyse un seul patient qu'Élisabeth Roudinesco a retrouvé par la suite, et qui est probablement son patient de contrôle avec Charles Odier. Il ne semble pas avoir eu d'autres patients en analyse jusqu'à la Libération (Roudinesco, 1993, p. 115), mais il avait avant guerre une petite clientèle privée de psychothérapies et de consultations (*ibid.*, p. 228).

À partir de ces deux faits, on peut proposer deux hypothèses, l'une vraisemblable, et l'autre beaucoup plus hasardeuse, pour répondre à la question des séances brèves : l'hypothèse vraisemblable est que Loewenstein aurait déjà exprimé des réticences à ce que Lacan exerce la psychanalyse en 1934, comme il s'est opposé en 1937 à ce qu'il devienne formateur. En effet, l'inhibition de Lacan à exercer la psychanalyse ne s'explique pas par un manque d'intérêt, car Lacan participe activement à la vie scientifique de la

Société entre 1933 et 1944. Il publie plusieurs travaux dans la *Revue française de psychanalyse*, et présente une contribution au Congrès international de Marienbad en 1937. Il est donc vraisemblable que Lacan se soit soumis à l'interdit de Loewenstein pendant dix ans avant de le transgresser.

LA FIGURE OBSCÈNE ET FÉROCE DU SURMOI

L'hypothèse hasardeuse s'appuie seulement sur une expression singulière que Lacan emploie plusieurs fois pour réfuter la notion freudienne de Surmoi. Lacan n'a pas toujours critiqué cette notion. Dans son rapport écrit avec Michel Cénac en 1950 pour le XIIIe Congrès des psychanalystes de langue française, il lui fait au contraire toute sa place en criminologie, et aussi dans la psychopathologie de la vie quotidienne et dans les névroses (Lacan et Cénac, 1950, p. 130). Mais à partir de 1953, Lacan entreprend d'assimiler la psychanalyse à la linguistique et à l'anthropologie structurales. L'organisation œdipienne de Freud se ramène alors pour lui aux structures élémentaires de la parenté décrites par Lévi-Strauss dans les sociétés primitives. Or, selon Lévi-Strauss, ces structures interdisent moins les unions que nous jugerions incestueuses qu'elles ne prescrivent celles qui sont autorisées (Lévi-Strauss, 1947, p. 552). Une Loi qui n'interdit rien ne peut pas être transgressée. Elle peut seulement être « abolie » (Freud, 1911, p. 315), faire l'objet d'une *Verwerfung.* On ne « transgresse » donc jamais rien. Le Surmoi ne résulte pas du refoulement du complexe d'Œdipe. Il est le produit d'un rejet (*Verwerfung*) de la Loi. Quand, après avoir été aboli, le Surmoi fait retour, il ne se présente donc pas comme un objet interne, mais comme une néo-réalité. Aboli, le Surmoi revient dans le réel sous la forme de « cette figure obscène et féroce que l'analyse appelle le Surmoi, et qu'il faut comprendre comme la béance ouverte dans l'imaginaire par tout rejet (*Verwerfung*) de la parole» (Lacan, 1955a, p. 360).

On peut se demander si Lacan ne parle pas de sa propre transgression par rapport à son analyste quand il écrit la même année :

> Détournerons-nous notre étude de ce qu'il advient de la loi quand, d'avoir été intolérable à une fidélité du sujet, elle fut par lui méconnue déjà quand ignorée encore, et de l'impératif si, de s'être présenté à lui dans l'imposture, il est en son for intérieur récusé avant que d'être discerné : c'est-à-dire des ressorts qui, dans la maille rompue de la chaîne symbolique, font monter de l'imaginaire cette figure obscène et féroce où il faut voir la signification véritable du Surmoi ? (Lacan, 1955b, p. 434).

À partir de cette date, Lacan décrit toujours le Surmoi comme « une figure obscène et féroce ». On trouve cette expression dans le *Séminaire sur la relation d'objet* (Lacan, 1956-1957, p. 415), dans *La Direction de la cure* (Lacan, 1958, p. 619), dans le *Séminaire sur l'éthique* (Lacan, 1959-1960, p. 15) et dans la *Remarque sur le rapport de Daniel Lagache* (Lacan, 1960, p. 654).

Peut-être s'agit-il seulement d'une stéréotypie. Mais pourquoi Lacan n'aurait-il pas au contraire décrit exactement ce qui lui arrivait dans certaines séances, quand son contre-transfert rencontrait le souvenir de la fin douloureuse de son analyse ? Paul Denis a montré comment, dans certaines séances, ce qu'il appelle une « *imago* » semble occuper le devant de la scène. Le mouvement associatif se fige, une « figure colossale, écrasante » surgit, le discours se désorganise ; cette figure combine les deux personnages masculins et féminins qui l'instant d'avant organisaient les mouvements de refoulement et de retour du refoulé. L'affect semble alors se figer sur un mode douloureux » (Denis, 1996, p. 1172). Ce serait une *imago* de ce type qui surgirait à certains moments du contre-transfert de Lacan, et le contraindrait à mettre fin à la séance.

RÉFÉRENCES BIBLIOGRAPHIQUES

Allouch J. (1984), *– Allô Lacan ? – Certainement pas*, Paris, EPEL.

Bertin C. (1982), *La Dernière Bonaparte*, Paris, Perrin.

Denis P. (1996), « D'imagos en instances : un aspect de la morphologie du changement », *Revue française de psychanalyse*, LX/4, Paris, p. 1171-1186.

Freud S. (1904a/1953), « La méthode psychanalytique de Freud », dans *De la technique psychanalytique*, Paris, Puf.

Freud (1904b/1953), « De la psychothérapie », dans *De la technique psychanalytique*, Paris, Puf.

Freud S. (1905/1955), « Fragments d'une analyse d'hystérie (Dora) », dans *Cinq Psychanalyses*, Paris, Puf.

Freud S. (1910/1993), « Les chances d'avenir de la thérapie psychanalytique », *OCF.P*, X, Paris, Puf.

Freud S. (1911/1954), « Remarques psychanalytiques sur l'autobiographie d'un cas de paranoïa (*Dementia paranoïdes*) (Le président Schreber) », dans *Cinq psychanalyses*, Paris, Puf.

Freud S. (1912a/1988), « Conseils au médecin dans le traitement psychanalytique », *OCF.P*, XII, Paris, Puf.

Freud (1912b/1998), « Sur la dynamique du transfert », *OCF.P*, XI, Paris, Puf.

Freud (1913/1984), « L'intérêt de la psychanalyse », dans *Résultats, idées, problèmes*, I, Paris, Puf.

Freud (1915/1968), « Le refoulement », dans *Métapsychologie*, Paris, Gallimard.

Freud S. (1916/1947), *Introduction à la psychanalyse*, Paris, Payot.

Freud S. (1937/1985), « Constructions dans l'analyse », dans *Résultats, idées, problèmes*, II, Paris, Puf.

Freud S., Eitingon M. (2009), *Correspondance 1906-1939*, éd. M. Schröter, Hachette, Paris.

Haddad G. (2002), *Le jour où Lacan m'a adopté. Mon analyse avec Lacan*, Paris, Le Livre de poche, « Biblio essais ».
Jones E. (1927/1969), « Le développement précoce de la sexualité féminine », dans*Théorie et pratique de la psychanalyse*, Paris, Payot.
Jones E. (1929/1969), « La peur, la culpabilité et la haine », dans *Théorie et pratique de la psychanalyse*, Paris, Payot.
Lacan J. (1953/1966), « Fonction et champ de la parole et du langage en psychanalyse. Rapport du Congrès de Rome tenu à l'Instituto di Psicologia della Universitá di Roma les 26 et 27 septembre 1953 », dans *Écrits*, Paris, Seuil.
Lacan J. (1954/1966), « Introduction au commentaire de Jean Hippolyte sur la "*Verneinung*" de Freud. Séminaire de technique freudienne du 10 février 1954 », dans *Écrits*, Paris, Seuil.
Lacan J. (1955a/1966), « Variantes de la cure-type », dans *Écrits*, Paris, Seuil.
Lacan J. (1955b/1966), « La chose freudienne », dans *Écrits*, Paris, Seuil.
Lacan J. (1956-1957/1994), *Le Séminaire, IV. La relation d'objet*, Paris, Seuil.
Lacan J. (1957-1958/1998), *Le Séminaire, V. Les formations de l'inconscient*, Paris, Seuil.
Lacan J. (1958/1966), « La direction de la cure et le principe de son pouvoir », dans *Écrits*, Paris, Éditions du Seuil.
Lacan J. (1959/1966), « À la mémoire d'Ernest Jones : sur sa théorie du symbolisme », dans *Écrits*, Paris, Éditions du Seuil.
Lacan J. (1959-1960/1986), *Le Séminaire, VII. L'éthique de la psychanalyse*. Paris, Éditions du Seuil.
Lacan J. (1960/1966), « Remarque sur le rapport de Daniel Lagache : "Psychanalyse et structure de la personnalité" », dans *Écrits*, Paris, Seuil.
Lacan J. (1960-1961/1991), *Le Séminaire, VIII. Le transfert*, Paris, Seuil.
Lacan J. (1962-1963/2004), *Le Séminaire, X. L'angoisse*, Paris, Seuil.
Lacan J. (1963-1964/1973), *Le Séminaire, XI. Les quatre concepts fondamentaux de la psychanalyse*, Paris, Seuil.

Lacan J. (1964/1966), « Position de l'inconscient », dans *Écrits*, Paris, Seuil.
Lacan J., Cénac M. (1950), « Introduction théorique aux fonctions de la psychanalyse en criminologie. Communication pour la XIIIe Conférence des psychanalystes de langue française (29 mai 1950) », dans J. Lacan, *Écrits*, Paris, Seuil, 1966.
Lévi-Strauss C. (1947/1967), *Les Structures élémentaires de la parenté*, Paris/La Haye, Mouton.
Neyraut M. (1974), *Le Transfert. Étude psychanalytique*, Paris, Puf.

Le concept de contre-transfert dans la psychanalyse américaine Contexte historique et perspectives contemporaines

Laura KLEINERMANN[1], Claire CUBELLS-SEIBERT[2]

CONTEXTE HISTORIQUE AMÉRICAIN

La question de la pensée américaine contemporaine relative au concept et à la clinique du contre-transfert doit être resituée dans le contexte des spécificités de la psychanalyse aux États-Unis. Ces spécificités sont souvent mal connues en Europe et plus particulièrement en France, du fait, entre autres, d'une forme d'eurocentrisme ainsi que d'une relative méconnaissance, jusqu'à récemment, de la langue anglaise et, encore aujourd'hui, des publications d'outre-Atlantique.

De l'évolution de la psychanalyse américaine, on connaît surtout en France certains temps et événements marquants de

1. Membre formateur à l'Institute for Psychoanalytic Training and Research (IPTAR) & Contemporary Freudian Society (CFS) de New York.

2. Membre de la SPP, analyste au Centre de consultations et de traitements psychanalytiques Jean-Favreau (CCTP).

ses débuts : en particulier, le voyage aux États-Unis du trio Freud, Jung, Ferenczi en 1909, et le fameux « Ils ne savent pas que nous leur apportons la peste » qu'aurait prononcé Freud, tandis que son propos à la Clark University (Worcester, Massachusetts) était accueilli avec enthousiasme et relayé auprès du grand public. L'hégémonie de l'Ego Psychology d'Hartmann, Kris et Lowenstein, à partir des années 1940 jusqu'aux années 1980, est également relativement connue de ce côté de l'atlantique.

Dans les années qui ont suivi la Seconde Guerre mondiale, tandis que le maccarthysme et la chasse aux sorcières impactaient la société civile, les cercles psychanalytiques américains étaient pris dans des conflits, à la fois théoriques et de pouvoir. Les analystes émigrés d'Europe à partir de 1938 étaient divisés entre Berlinois et Viennois. Parmi eux, Hartmann, Kris et Loewenstein, en particulier, s'opposaient aux « néo-freudiens », soit à la majeure partie des analystes américains « de souche », mais aussi à Karen Horney ou Sandor Radò également immigrés.

Par ailleurs, depuis sa décision en 1938 de réserver l'association aux médecins, l'American Psychoanalytic Association s'est privée des apports à la pensée des analystes non-médecins. Jusqu'à la fin des années 1980, l'autorité des psychanalystes aux États-Unis était donc liée à leur statut de médecin, statut qui, d'une manière générale, faisait à cette époque autorité dans la société américaine.

C'est plus particulièrement dans le contexte des théories intersubjectivistes et dans la prise en compte des concepts d'*enactment* et d'identification projective que le concept et la clinique contemporaine du contre-transfert vont, de façon spécifique, se développer aux États-Unis.

Aux origines de l'intersubjectivisme aux États-Unis se trouvent Harry Stack Sullivan et Clara Thompson, elle-même analysée par Ferenczi, dont on a à l'esprit la « technique active». Dans les années 1940, avec entre autres E. Fromm, Sullivan et Thompson fondent à New York le William Alanson White Institute. Sullivan conçoit l'analyste comme un observateur participant, ce qui n'est pas sans évoquer les conceptions d'Esther Bick issues de l'observation du nourrisson.

Pour autant, cette conception s'inscrit dans les conceptions de l'Ego psychology, dans lesquelles le Moi dit «autonome» est détaché des sources pulsionnelles, de ses relations avec le Ça et le Surmoi, tandis que sa relation avec la réalité externe est mise en exergue. La question de la pulsionnalité de l'analyste dans la relation analytique et de son contre-transfert au sens freudien n'est donc pas véritablement prise en considération dans la perspective sullivanienne.

À partir de cette double théorisation du transfert/contre-transfert et d'un Moi dépulsionnalisé, les intersubjectivistes contemporains s'appuient sur le concept de «*Mind*»/esprit et sur la base du principe : *«the mind is mind seeking»* («l'esprit cherche un autre esprit»), au risque de réduire la dynamique transféro-contre-transférentielle à une relation entre un patient-sujet en quête de réponse de l'objet externe et un analyste-objet externe répondant à cette demande.

CONTRE-TRANSFERT, LE TOURNANT DES ANNÉES 1980

Après la Seconde Guerre mondiale, les analystes émigrés, conservant ce qu'ils considéraient comme l'héritage de Freud, ont soutenu et enseigné l'idée que le psychanalyste était responsable de l'analyse de ses réponses contre-transférentielles. Celles-ci étaient considérées comme des intrusions de l'inconscient de l'analyste ne devant pas interférer avec l'analyse en cours. La neutralité, élément central de l'identité analytique, soulignait ce point de vue. La «psychanalyse classique», défendue dans les instituts qui ont fait partie de l'American Psychoanalytic Association (APSA) et, par extension, de l'IPA, partageait ces points de vue.

Les autres tendances, comme l'intersubjectivisme mentionné plus haut, étaient considérées comme en dehors du modèle freudien classique et n'étaient pas reconnues par l'APSA.

Ces points de vue sur le contre-transfert ont prévalu pendant plusieurs décennies.

Cependant, à la fin des années 1970, dans les années 1980 et surtout dans les années 1990, un intérêt croissant pour d'autres façons de voir et de comprendre le contre-transfert s'est manifesté. Au fur et à mesure que la théorisation psychanalytique passait de la génération d'origine aux générations suivantes des changements se produisaient. Cette nouvelle génération a été influencée par de nouvelles tendances intellectuelles aux États-Unis et ailleurs. En psychanalyse, il y a eu aux États-Unis une ouverture aux idées venant en particulier du Royaume-Uni : dans le modèle kleinien, le contre-transfert avait été considéré comme une communication à la fois consciente et inconsciente. L'idée issue du conseil de Freud (1912) à l'analyste d'« accorder son inconscient à celui du patient comme un récepteur téléphonique s'accorde à l'appareil émetteur » a été reprise en 1950 par Paula Heiman et étendue à l'idée qu'implicitement, par le choix de la métaphore, la transmission inconsciente en psychanalyse était un phénomène bidirectionnel (Jacobs). Bien que Ferenczi ait explicité ces idées trente ans plus tôt, les forces dirigeantes de la psychanalyse américaine ont suivi Freud, et considéré ces idées, y compris et peut-être surtout la possibilité de divulguer aux patients certaines de ces réponses, comme dangereuses, voire hérétiques.

Avec une plus grande ouverture aux idées venues du Royaume-Uni et d'ailleurs, cette nouvelle génération de psychanalystes a commencé à faire évoluer le concept de contre-transfert selon de nouvelles perspectives. L'abandon de l'idée que le psychanalyste est l'autorité qui détient la vérité sur la psyché du patient est un élément crucial de ce changement.

Certaines de ces idées avaient déjà émergé, de manière limitée, à la fin des années 1960 et dans les années 1970. Elles s'étaient alors développées dans le contexte des travaux d'Anna Freud avec les enfants et leur entourage. Aux États-Unis, les travaux effectués à la Chestnut Lodge (Rockville, Maryland) sous la direction de Freida Fromm Reichman avec des patients psychotiques, et à la clinique Menninger (Topeka, Kansas) avec des patients traumatisés et borderline, ont également permis que soit progressivement reconnue l'utilité clinique du champ interactionnel. Cette reconnaissance s'était toutefois limitée alors à ces pathologies et contextes institutionnels.

Ce n'est qu'au cours des deux dernières décennies du XXe siècle, avec un changement général de culture et une ouverture aux points de vue du Royaume-Uni et « étrangers » aux États-Unis, que le contre-transfert a commencé à être considéré comme une communication, une autre fenêtre sur l'inconscient du patient, en reconnaissant l'impact émotionnel du patient sur le psychanalyste. L'influence plus large des idées issues de la déconstruction, les changements dans la culture, dans les mouvements sociaux et politiques, ouvrant la voie à des idées sur l'écoute des étudiants dans les établissements d'enseignement et, dans la société en général, sur la prise en compte d'idées politiques non majoritaires, ont fourni l'arrière-plan culturel.

En psychanalyse, l'écoute du patient s'est enrichie de nouveaux registres. Au lieu d'être « ceux qui savent » mieux que le patient, les psychanalystes sont devenus plus ouverts à entendre le patient comme celui qui peut découvrir sa propre psyché, avec l'aide du psychanalyste.

Dans cette atmosphère, au lieu de considérer les réactions contre-transférentielles comme des erreurs à corriger par l'auto-analyse ou par une analyse plus poussée, la définition s'est élargie pour englober ce qui avait été jugé comme une erreur et qui a pu dès lors être considéré comme une information potentielle à la fois sur le patient et sur l'analyste. Cette ouverture à ces idées nouvelles a conduit au développement des théories contemporaines du contre-transfert. Les actions médiatisées par les réactions contre-transférentielles inconscientes de l'analyste en réponse au discours ou aux actes du patient ont été considérées comme faisant partie du processus analytique. Elles ont acquis le statut de signes non verbaux issus des communications subliminales d'inconscient à inconscient entre le patient et l'analyste. La scène de l'analyse s'est étendue au-delà du verbal tandis que l'analyse classique pouvait dorénavant être envisagée pour des patients « plus perturbés » pour lesquels la transmission et la compréhension par la seule parole étaient inadéquates. Avec cet « élargissement du champ de la psychanalyse » (Stone), l'ouverture à d'autres formes de communication non verbales a été considérée comme essentielle pour parvenir à une compréhension dans le cadre clinique.

Ces changements n'étaient en aucun cas un « laissez-passer » ou un « tout est permis ». Il incombait toujours au psychanalyste de s'engager dans une auto-analyse sérieuse, en s'efforçant de déterminer quels étaient ses propres points aveugles ou réactions névrotiques, et ce qui faisait partie d'un processus de communication non verbal.

Comme l'affirme Jacobs, « en regardant les dernières décennies du vingtième siècle, les futurs historiens de la psychanalyse pourraient bien désigner cette période comme "les années du contre-transfert" ». Le sujet du contre-transfert, avec ses corollaires que sont la mise en acte, l'auto-analyse et la neutralité, est devenu et dans une certaine mesure reste, un sujet qui occupe beaucoup d'espace et fait l'objet de débats dans la littérature américaine.

PERSPECTIVES CONTEMPORAINES, SUR LA CÔTE EST...

Hans Loewald a jeté les bases des nouvelles conceptions du contre-transfert, avec sa vision d'un modèle de système ouvert selon laquelle le transfert et le contre-transfert ne sont pas séparés, et sont des ingrédients normaux du processus psychanalytique. Ce point de vue, selon lequel les deux sont entrelacés et constituent des aspects inévitables de la relation analytique, est celui qui prévaut aujourd'hui. La littérature américaine, comme l'indique Jacobs, regorge d'articles et d'arguments sur ce qu'est le contre-transfert, comment il fonctionne, quels aspects doivent être analysés par l'analyste, ce qui peut être intégré dans la compréhension du patient, ce qui doit être considéré comme contre-transfert et ce qui doit être considéré comme autre chose.

La psychologie du Moi contemporaine (Ego Psychology) a abordé le sujet (Lasky, 2002) en s'intéressant à l'empathie, à l'utilisation de l'« instrument analytique » qui comprendrait la sphère interactive du travail avec le patient dans le but de comprendre la psyché de ce dernier. L'idée du « champ bidirectionnel » a été reprise par la plupart des auteurs et praticiens psychanalytiques, sous une forme ou une autre. Un exemple intéressant de l'évolution de la pensée peut être vu à travers l'évolution de la théorisation d'Otto Kernberg. Depuis la fin des années 1990 jusqu'à aujourd'hui, ses opinions influentes ont évolué lentement, passant de la vision classique du contre-transfert comme écueil, à l'idée que la compréhension du contre-transfert est d'une importance vitale dans le travail avec les patients, en particulier les patients états-limite.

Les dialogues et les influences croissantes de théoriciens dont les points de vue avaient été rejetés comme n'appartenant pas à «La psychanalyse» aux États-Unis se sont poursuivis. Kohut, dans son travail avec les patients narcissiques, les points de vue de Mitchell et Greenberg, fondateurs de l'École relationnelle, ainsi que la théorie du champ analytique, n'étaient plus très éloignés, dans leur réflexion sur le contre-transfert, des psychanalystes plus classiques tels que Sheldon Bach, connu pour son œuvre sur le narcissisme, de l'analyste d'enfants Judith Chused et de bien d'autres. Chused a apporté aux théories du transfert et du contre-transfert des idées issues de son travail avec les enfants sur les réactions non verbales partagées.

Le contre-transfert, au lieu d'être considéré uniquement comme un problème, a été considéré et théorisé comme une partie importante des solutions. Les comportements du patient, du psychanalyste ou des deux sont désormais considérés comme des réponses aux conflits et aux fantasmes suscités en chacun par le travail thérapeutique en cours, et nécessitant un travail de compréhension. Les théories et le travail sur le contre-transfert sont devenus l'un des sujets d'échange les plus respectés de la psychanalyse américaine, et continuent de l'être aujourd'hui.

… ET LA CÔTE OUEST

Sur la côte Ouest, c'est également au travers de la psychanalyse en institution et avec les patients psychotiques que le concept de contre-transfert a progressivement évolué. James Grotstein en Californie du Sud et Thomas Ogden en Californie du Nord ont particulièrement contribué aux conceptions contemporaines du contre-transfert; ils ont d'ailleurs régulièrement partagé leurs pensées et l'on voit l'intrication de leurs conceptions dans leurs écrits respectifs.

En Californie du Sud, dans les années 1960, des analystes intéressés par la pensée kleinienne et post-kleinienne invitent des analystes britanniques – Herbert Rosenfeld, Hanna Segal, Donald Meltzer, Albert Mason, Hans Thorner, Betty Joseph, et Wilfred Bion – à donner des séminaires à Los Angeles.

Ces analystes américains, qui ont plus particulièrement côtoyé Bion dans ses séminaires, en supervision ou en analyse quand il s'est installé à Los Angeles à la fin de sa vie (1968-1979), se sont imprégnés de ses conceptions dans leur clinique et leur théorie.

James Grotstein – qui a fait une analyse avec Bion – a plus particulièrement théorisé la question du contre-transfert à partir de son élaboration de l'identification projective. En effet, Grotstein postule à partir du concept kleinien et de son extension chez Bion, le concept de trans-identification projective. Cette dernière est tout à la fois communicative et intersubjective. Elle inclut le mode inconscient, omnipotent, intrapsychique de l'identification projective kleinienne et les modalités de la rêverie inconsciente de la mère comme contenant des éléments bêta du nourrisson postulés par Bion. La trans-identification projective est donc la dialectique entre le fantasme intrapsychique d'identification projective du sujet-patient et son effet chez l'objet-analyste, récepteur de ce fantasme dans son expérience subjective.

L'élaboration de son concept de trans-identification projective comme mécanisme intersubjectif dans la relation du nourrisson à sa mère et dans la relation du patient à l'analyste dans la cure conduit Grotstein à développer une conception nouvelle du contre-transfert. Il poursuit et transforme les élaborations proposées par les sud-américains Racker puis Grinberg dans les années 1950 et 1960 et propose sa propre conception du contre-transfert : pour lui, l'analyste doit « devenir » l'analysant, au sens bionien du terme devenir : comme la mère « devient » le nourrisson – et de ce fait contribue au devenir/advenir du nourrisson comme sujet –, l'analyste « devient » sa propre représentation (*replication*, en anglais) interne de la détresse du patient, et par là même, en permet la transformation. C'est *via* les mécanismes d'identification projective du patient que le contre-transfert de l'analyste est sollicité dans cette modalité de « devenir ».

En Californie du Nord, L. Bryce Boyer a utilisé le contre-transfert comme outil de travail dans ses cures de patients psychotiques et états-limite, en particulier à la Boyer House Foundation qu'il a ouverte en 1985 à San Rafael. Il le théorise dans son ouvrage *Counter Transferance and Regression* (1999), qui complète sur le sujet du contre-transfert son premier ouvrage *The Regressed Patient* (1985).

Thomas Ogden – qui a fait une analyse avec L. Bryce Boyer – a longuement codirigé avec ce dernier un séminaire dans lequel, en particulier, l'attention était portée sur le contre-transfert.

Comme Grotstein a développé ses conceptions du contre-transfert à partir de son élaboration personnelle du concept d'identification projective, Ogden va élaborer sa pensée relative au contre-transfert à partir de la notion qu'il a proposée de tiers analytique, tous deux – Grotstein et Ogden – étant intéressés par les auteurs britanniques kleiniens et post-kleiniens, plus spécifiquement sur la question des relations d'objet. L'identification projective consiste, comme l'a postulé Melanie Klein dans la relation du bébé à la mère, à fantasmatiquement évacuer une partie de soi-même dans une autre personne pour la réintégrer sous une forme modifiée à l'intérieur de soi. Pour Ogden, l'identification projective fonctionne comme une dialectique entre deux sujets qui, par ce mécanisme, se créent, se nient, et se préservent, de sorte que se constituerait un troisième sujet, sujet de l'identification projective, qu'il nomme le tiers analytique. Le processus analytique viserait entre autres à la réappropriation des subjectivités individuelles du patient – mais aussi de l'analyste – transformées au travers de leurs expériences respectives de ce tiers analytique.

Pour Ogden, l'analyste, parce qu'il a lui-même été analysé et n'est pas dans une position symétrique à celle du patient, est capable de repérer – en particulier grâce à ses propres rêveries en séance – et d'élaborer ce que les mouvements d'identification projective du patient produisent à l'intérieur de lui, et donc de repérer, élaborer et interpréter les mouvements d'identification projective du patient.

C'est donc de cette façon, au travers de la dialectique de l'identification projective, qu'Ogden théorise le contre-transfert.

CONCLUSION

Du fait des spécificités historiques de la psychanalyse américaine, le contre-transfert y a été jusqu'à la fin des années 1980 considéré comme une faiblesse ou une erreur du psychanalyste.

Il est devenu plus tardivement qu'en Europe un élément de la théorie de la communication – terme peu utilisé dans la littérature psychanalytique européenne – inconsciente du patient au psychanalyste.

Il est actuellement considéré dans la psychanalyse américaine comme un indicateur et un révélateur du processus psychique inconscient du patient tel qu'il est vécu par le psychanalyste d'abord inconsciemment puis avec une compréhension consciente et disponible à la réflexion.

Aujourd'hui, les apports sur le sujet d'auteurs américains comme Loewald, Kernberg, Grotstein et Ogden sont progressivement traduits et diffusés en Europe et considérés comme des avancés théoriques et cliniques utiles pour la réflexion et la pratique de ce côté de l'Atlantique.

RÉFÉRENCES BIBLIOGRAPHIQUES

Bohleber W. (2014), « Le concept d'intersubjectivité en psychanalyse : une évaluation critique », *L'Année psychanalytique internationale*, 1, p. 181-214.

Boyer L. (1999), *Counter Transferance and Regression*, Northvale, New Jersey, Jason Aronson.

Freud S. ([1912] 1955), « Recommendations to Physicians practicing Psychoanalysis », dans *The Standard Edition of the Complete Psychological Works of Sigmund Freud*, Londres, London Hogarth Press/Institute of Psychoanalysis, 12, p. 111-120.

Goldberg A. (2001), « Le psychanalyste postmoderne », *Revue française de psychanalyse*, LXV/1, p. 259-267.

Greenberg J., Mitchell S. (1983), *Object Relations in Psychoanalytic Theory*, Cambridge, Harvard University Press.

Grotstein J. (1994), « Projective Identification and Countertransference: a Brief Commentary on Their Relationship », *Contemporary Psychoanalysis*, 30/3, p. 578-592.

Grotstein J. (2009), *But at the Same Time and on an Other Level*, Londres, Routledge.

Jacobs T. (2013), « Countertransference, Past and Present », dans *The Possible Profession*, Londres, Routeldge/Taylor and Francis Group, p. 189-210.

Heimann P. (1950), « On Countertransference », *International Journal of Psychoanalysis*, 31, p. 81-84.

Kernberg O. (1965), « Notes on Countertransference », *Journal of American Psychoanalysis Association*, 13, p. 38-56.

Kirshner L. (2009), « Le concept d'intersubjectivité dans la psychanalyse américaine : histoire et tendances actuelles », *Revue française de psychanalyse*, LXXIII/2, p. 519-534.

Lasky R. (2002), « Countertransference and the Analytic Instrument », *Psychoanalytic Psychology*, 1, p. 65-94.

Loewald H. (1960), « On the Therapeutic Action of Psycho-Analysis », *International Journal of Psychoanalysis*, 41, p. 16-33.
Ogden T. (2005), « Le tiers analytique : les implications pour la théorie et la technique psychanalytique », *Revue française de psychanalyse*, LXIX/3, p. 751-774.
Ogden T. (2022), *Vers une nouvelle sensibilité analytique*, Paris, Ithaque.
Papias-Vili Eva (co-ordinating co-chair) Countertransference, *The Inter-regional Encyclopedic Dictionary of Psychoanalysis*, site Internet de l'IPA, p. 94-123.
Sparer E. (2011), « Freud en Amérique », *Psychiatrie française*, XXXXII, 2/11, p. 14-19.
Stone L. (1954), « The Widening Scope of Indications for Psychoanalysis », *Journal of the American Psychoanalytic Association*, 1954/2, p. 567-594.
Tessier H. (2005), *La Psychanalyse américaine*, Paris, Puf, « Que sais-je ? ».

Clinique actuelle du contre-transfert

Le contre-transfert à l'épreuve de l'actuel

Sylvie Pons-Nicolas[1]

Il était arrivé à l'heure mais avec un jour d'avance. Le lendemain il avait été surpris que je puisse envisager que cela ait un sens. Pour lui sa vie était réglée comme du papier à musique et il n'y avait rien à interpréter. Remarque d'autant plus surprenante qu'il avait évoqué une précédente analyse.

« La musique… ça s'interprète.

– L'important, c'est que je sois là ! »

Il était là et bien là, « beau comme un dieu », ce que sa mère lui répétait souvent. Tadzio, le bel adolescent de *Mort à Venise*, dans le film de Visconti, pensais-je. Il avait déroulé son histoire à vive allure, comme s'il était pressé de la déposer pour passer à autre chose. Comme s'il n'y avait rien à en dire. Une histoire scandée de séparations, de pertes, d'abus. Un enfant maltraité, pressé d'en finir mais d'en finir avec quoi ? Un père qui avait quitté le domicile familial pour vivre une passion amoureuse, laissant son épouse, mère de trois garçons, démunie. Elle s'était montrée « courageuse », prenant « la vie à bras-le-corps », mais n'avait pas pu protéger son dernier fils, « cet ange tombé du ciel », c'est ainsi qu'elle

1. Psychiatre, psychanalyste, membre titulaire formateur de la SPP.

parlait de lui, des abus d'un professeur. « L'enfant, dit-il alors, en quête d'une figure paternelle s'était laissé séduire. » Ces dernières paroles exprimées d'un ton neutre, banalisant le propos, m'avaient glacée. Était-ce le fruit de sa précédente cure analytique ? Ou celui d'un mécanisme de clivage ? Cet épisode évoqué, là encore, il semblait empressé de passer à autre chose. Sa vie, ses affaires, ses engagements politiques, ses amours « nombreuses mais toujours sincères » l'occupaient largement. Cependant il ressentait comme un malaise au fond de lui, un sentiment d'urgence. Pour la première fois de sa vie, cet homme pressé d'environ cinquante ans, à l'allure d'adolescent, « doutait », mais il ne savait pas de quoi.

Dans l'après-coup de nos premiers entretiens, je m'aperçus à quel point j'avais été sollicitée à la fois au niveau de ma curiosité, de mon voyeurisme, mais également à un niveau plus profond d'impressions, d'émotions, de sensations. Quelque chose forçait l'admiration. Pour Freud, les effets du contre-transfert sont du domaine de la perturbation, de l'aveuglement. Il se méfie des dangers inhérents à un engagement affectif excessif de la part de l'analyste qui doit en contrôler les manifestations intempestives. Allié souterrain des résistances, le contre-transfert, obstacle au bon déroulement de la cure, se doit d'être surmonté.

Comment prendre du recul quant à l'effet que les patients produisent sur nous ?

Avec monsieur T., je percevais une forme d'emprise, à la fois par effet de séduction, mais également par effet de sidération lié à l'impact traumatique de son récit. Neyraut souligne, à propos des mises en garde multiples de Freud par rapport à la séduction directe, que « ces prescriptions paraissent d'une certaine façon naïves en regard des subtiles implications de Freud dans l'analyse de Dora, où l'on voit que la séduction peut s'exercer sans le recours à des demandes explicites, et où les satisfactions escomptées sont acquises à des degrés de réalité qui relèvent de la réalité psychique » (Neyraut, 2004, p. 22).

Par moments, alors que j'écoutais monsieur T., sans qu'il n'y ait de lien direct, en tout cas un lien conscient avec ce dont il parlait, j'avais des sueurs froides. Des pensées inquiétantes, des images du film *Vertigo* d'Hitchcok s'imposaient à moi. Un film dans lequel règne un climat d'étrangeté, où rôdent la mort, le meurtre, l'accident, où une femme en cache une autre…

Ces pensées, ces images venaient-elles masquer ou révéler quelque chose de vertigineux ?

Cela m'évoquait ce que décrit de M'Uzan d'un « système paradoxal » de pensées qui viennent à l'esprit de l'analyste. Elles ont « la particularité d'annoncer et d'énoncer tout à la fois des fragments importants du monde inconscient de l'analysé » (M'Uzan, 1977, p. 171). La perception inconsciente que j'avais de l'inconscient de mon patient semblait « en avance » (Heiman, 1950) sur ma perception consciente de la situation. Le contre-transfert, à partir des affects, des émotions, des éprouvés, des figurations de l'analyste serait alors un moyen d'investigation et de compréhension de l'inconscient de l'analysant.

Mes éprouvés, l'engagement affectif vis-à-vis de ce patient, ma curiosité qui stimulait mon investissement de son fonctionnement, étaient-ils des obstacles ou des outils, moteurs du processus ?

Un jour, alors que je me rendais à mon cabinet avec un bouquet de fleurs à la main, je le vis dans une rue adjacente à la terrasse d'un café. Cet homme immobile, l'air rêveur, était-ce bien lui, l'homme toujours pressé ? M'avait-il vue ?

La séance qui suivit fut particulièrement silencieuse. Il se sentait « étrange »… Étranger ? me dis-je. Il se demandait si je l'avais vu. Voir, être vu… la dimension pulsionnelle scopique était au premier plan. Que pouvait-il y avoir d'étrange dans ce qu'il avait vu ? Il associa sur le fait qu'il n'avait jamais vu sa mère avec un autre homme... Un autre ? C'était maintenant, à 70 ans, qu'elle allait se remarier avec ce qui ne pouvait être qu'un « pigeon ». Il n'avait jamais évoqué ce mariage dont je percevais qu'il lui imposait une blessure narcissique au-delà d'un sentiment d'exclusion faisant écho à une scène primitive. La disqualification des hommes faisait partie de la complicité qu'il avait toujours partagée avec sa mère. Ce qui avait nourri le fantasme qu'il était le seul et l'unique pour elle et... pour moi ! Il avait ainsi, au passage, éliminé ses deux frères et mes autres patients... Mes interprétations dans ce sens l'avaient un peu agacé, mais elles étaient dans la continuité de ce qui avait émergé et se travaillait depuis quelque temps dans la cure. Au cours des séances qui suivirent, je le sentais tendu, agité. Il semblait englué dans une douleur dont il était néanmoins coupé et qui figeait son propos dans l'actualité. Le processus de décondensation de la langue ne se produisait plus. Il me perdait dans les détails de sa vie, de ses activités et je n'étais plus assignée à des positions renvoyant à un scénario fantasmatique. Il s'est mis à se plaindre de crampes dans les membres inférieurs. Plaintes qui parfois s'accompagnaient d'une interpellation directe, murmurée : « Mais qu'est-ce que vous m'avez fait ? » Ce vécu quasi hallucinatoire de quelque chose qui s'actualisait me rendait confuse dans tous les sens du mot et immobilisait ma pensée. Je me sentais coupable tout autant qu'impuissante.

L'actuel, comme obstacle au travail d'élaboration, était sur le devant de la scène analytique.

LE CONTRE-TRANSFERT À L'ÉPREUVE DU PASSÉ « IMPASSÉ »

Dans ses derniers écrits Freud commence un travail sur le négatif, à entendre dans le sens de ce qui ne s'est pas constitué comme souvenir. Il ouvre tout un champ de réflexion sur la question de la représentance dans et par la cure. Dans « Construction dans l'analyse » (1937) et dans « Le clivage du Moi dans les processus de défense » (1938), il aborde la question des réminiscences d'événements traumatiques dans les cures. Notamment de traumatismes précoces qui, du fait de la faiblesse de la synthèse du Moi, ont conservé un caractère de processus primaire, et peuvent faire retour sous une forme hallucinatoire, subvertissant la situation analytique. Dans « L'homme Moïse » (1939), il évoque les traces mnésiques condamnées à rester inconscientes, et qui continuent d'agir depuis le Ça sur la vie consciente du sujet.

C'est la question de l'intégration après-coup dans l'organisation psychique de traces d'expériences en souffrance de représentation qui est soulevée.

Comment permettre que « ça » se représente ? Pour Pontalis,

> D'« Au-delà du principe de plaisir » à « Analyse finie et analyse indéfinie », Freud ne va qu'accentuer un constat qui l'éloigne toujours davantage du modèle originel de la *talking cure* : la magie des mots cesse d'être opérante. Avec [...] les névroses de caractère ou structures narcissiques, s'effectue comme un retour aux névroses actuelles. Le conflit, au lieu de se représenter et, par-là de s'ouvrir à la mobilité de l'interprétation, se répète dans le présent (Pontalis, 1988, p. 41).

Les névroses actuelles que Freud en 1896 avait différenciées des psychonévroses de défense témoignaient, selon lui, d'une « sexualité actuelle de décharge », une sexualité non partagée qu'il considérait comme traumatique. Il n'est pas possible de le suivre sur l'exclusivité de l'aspect sexuel de ces névroses, cependant on ne peut que saluer son intuition de l'existence d'une clinique dans laquelle la décharge motrice est au premier plan. Or la décharge, expression d'un bouleversement économique, d'un débordement des capacités de liaisons du Moi, est intimement liée au traumatique. Elle peut procurer du calme, une forme de plaisir, mais en aucun cas un sentiment de satisfaction, qui, lui, est dépendant du lien à un objet réceptif. Pour Freud, les névroses actuelles en tant qu'entités cliniques distinctes n'étaient pas accessibles à la méthode psychanalytique. Pour autant, il postulait qu'au cœur des psychonévroses, un noyau de névrose actuelle persistait. Dans toute organisation psychique, il y a un reste de traces d'expériences traumatiques en souffrance d'intégration, une incomplétude inévitable du processus de symbolisation. Ces traces, ressenties par le Moi comme source d'excitation, peuvent faire retour au décours d'une cure sous l'impulsion de l'investissement de l'objet-analyste. « Mémoire sans souvenir » (Botella, 2016), soumises à une « contrainte à la représentation » (Aisenstein, 2010, p. 1368), ces traces n'arrivent pas à prendre corps et advenir comme désir. Elles ne trouvent pas de place dans l'associativité et s'actualisent de façon irrépressible par d'autres canaux que ceux de l'échange langagier. Quelque chose cherche à se dire en se manifestant dans une transposition dans le présent. C'est un quelque chose sans image, dont la force ne se résume pas à une mémoire occultée.

Le factuel, le comportement, des agirs énigmatiques qui ne sont pas de simples actes manqués viennent alors saturer le contenu des séances. Le soma peut aussi en être le porte-parole, comme c'était le cas avec mon patient.

Dans ces situations le mode de fonctionnement porte la marque des processus primaires, là où résonne l'acte plutôt que le temps. L'analyste est confronté à un passé qui se présente mais ne représente pas, actuel. Un passé qui n'est pas passé, qui ne passe pas, « impassé » (Scarfone, 2014) où s'entend « impasse mais aussi impensé ». Un passé demeuré jusque-là comme trace inassimilable. Le transfert mêle alors le retour hallucinatoire de l'expérience non intégrée à celle du présent.

C'est le propre de toute cure que s'actualise le passé qui à défaut d'être interprété peut se répéter indéfiniment. Cependant, dans ces configurations, l'analyste se confronte à un négatif qui n'est pas simplement le gommé, l'effacé par la censure du passé. Il se confronte à un négatif qui est celui de l'absence et du manque.

L'analyste, à l'épreuve de l'actuel, moment de crise dans la cure, se confronte à ce que Jacques Press appelle un « transfert du négatif ». « Il ne s'agit pas, écrit-il, de remémoration, mais d'actualisation de la situation traumatique initiale » (Press, 2015, p. 1127). Il s'agit au contraire d'une situation vécue mais non appropriée ayant laissé une trace négative.

Comment connaître ce qui est absent ?

UN CONTRE-TRANSFERT À VIF, L'ANALYSTE TRAVAILLÉ AU CORPS

Lorsque les analysants font sentir, montrent, agissent plus qu'ils ne disent ce qui est en latence d'intégration, la prise en compte du trauma, du négatif, de l'irreprésenté, du lien à l'objet primaire s'imposent. La reviviscence d'expériences qui n'ont pas été soumises au refoulement mais à d'autres formes de défenses (contre-investissement, excorporation, externalisation, clivage) instaure un investissement de l'analyste en personne, au cœur de la rencontre. « Pas de clivage sans collage », postule Gérard Bayle. Le lien à l'œuvre est en quelque sorte d'agrippement, actuel. La dimension relationnelle, prévalente par rapport à la dimension transférentielle, menace la bipolarité de la fonction de l'analyste « comme objet et anti-objet » (Denis, 2011, p. 36). Bipolarité organisatrice de l'adresse transférentielle, « quiproquo de l'inconscient » (Neyraut). En paraphrasant Winnicott, on pourrait dire que l'analyste ne représente pas l'objet, il est l'objet. Il incarne l'imago.

Au cours d'une séance, monsieur T. murmura à nouveau le reproche « Qu'est-ce que vous m'avez fait ? » Le désarroi était patent. Puis il ajouta : « Et en plus, Mahler ! » Il évoquait la musique entendue dans la salle d'attente. Était-ce une allusion à la *Cinquième Symphonie* de Mahler, musique du film *Mort à Venise* ? C'est alors que je me suis souvenue que l'enseignant qui avait abusé de lui enfant était un professeur de musique. Comment avais-je pu l'oublier ? Sauf à ne pas vouloir l'incarner… J'avais des sueurs froides, une construction pour lui restituer en miroir quelque chose de son histoire s'imposait à moi, construction défensive. Je butais sur les mots. Je dis simplement « Malheur ! » Il se mit à pleurer silencieusement. Comme le précise Françoise Coblence, l'affect « fait le lien entre la circonstance récente et la circonstance infantile à laquelle il est intrinsèquement associé » (Coblence, 2023, p. 254). À la séance suivante, il était moins tendu, mais infiniment triste. Dans la nuit, il lui était revenu l'histoire d'un petit chien qu'on lui avait offert. Il avait échappé à sa vigilance. Il s'était fait écraser. N'osant pas dire ce qui s'était passé, il avait fait croire qu'il s'était perdu. Personne n'avait réagi.

« Un petit, perdu, écrasé par la situation, et personne ne réagit ? »

Il se souvient alors : il avait 7 ans, sur le chemin du retour à la maison après le cours de piano. Il a tout raconté à sa mère avec cette question qui l'obsédait : « Qu'est-ce qu'il m'a fait ? »

« L'important, c'est que tu sois là… » « Allez vite, accélère, on n'a pas que ça à faire » sont les seules paroles de sa mère dont il se souvienne. Par la suite « il ne s'est rien passé », ni sa mère ni son père, toujours ailleurs, ne sont allés voir le professeur. Il a continué à se rendre chez lui comme si ce qui s'y passait n'était rien. Pas de « domptage » possible des pulsions, ni même de l'expérience qui est toujours là, brute en quelque sorte. Prête à ressurgir s'il n'accélère pas le pas.

Il se demande s'il y a un lien entre ses crampes et le fait de venir aux séances. Reprenant une expression qu'il a utilisée, je lui dis : « Traîner la patte ? » C'est ce qu'il faisait quand il allait au cours de piano.

Il essaye d'imaginer l'enfant qu'il a été, une capacité nouvelle de régression s'installe. Il devient curieux de son fonctionnement psychique, du passé, il reprend les relations avec ses frères. « Le passé m'habite différemment, au lieu de m'agiter, il me fait mal. » Il apprend que sa mère ne disait pas qu'il était un ange tombé du ciel, mais qu'elle avait vu une « faiseuse d'anges » et « qu'il n'était pas passé, juste arrivé en avance ». Elle n'avait jamais voulu cet enfant qui ne l'intéressait pas, pas plus que ses autres garçons d'ailleurs, devenus alcooliques. « Il n'y a pas de pire agonie pour le petit d'homme que de ne pas être vu, pas vu vivant » (Press, 2015, p. 1126). L'impensable, qui l'avait amené en analyse et qu'il a pu graduellement se formuler, est que sa mère « n'avait investi que sa beauté qui la gratifiait ». Mais au moment où cette dernière flétrissait, comment ne pas douter du fait qu'il était encore aimable ? Fleuron de sa quête de reconnaissance, qu'allait-il devenir sans elle ? C'était vertigineux !

Dès notre première rencontre, l'actuel, le noyau rebelle de sa névrose était sur la scène de nos échanges. C'est le vécu au cœur de l'expérience analytique qui a fourni un ancrage permettant l'élaboration. Nul ne peut être tué *in abstentia* ou *in effigie* (Freud, 1912). Le passage de l'incarnation à la désillusion, au deuil de l'objet, nécessite l'actualisation transférentielle, sa mobilisation dans le processus de la cure.

« L'actuel a une double potentialité : autant il signifie l'obstacle, quelque chose d'opaque, tendanciellement orienté vers l'agir de décharge à l'extérieur ou vers la décharge interne de somatisation […] ; autant il peut être source vive d'un nouvel élan vers l'élaboration psychique » (Scarfone, 2014, p. 1391). Le contre-transfert serait-il l'élément déterminant pour orienter le processus vers l'une ou l'autre des potentialités ?

L'enjeu est alors que se constitue la catégorie du passé (de M'Uzan, 1974). Comment ne pas se laisser enfermer dans le piège de l'inter-relation au détriment de l'insight ?

Le contre-transfert est massivement sollicité, tant sur le plan des éprouvés que des options théoriques qu'il engage. L'analyste travaillé au corps éprouve ce qui a manqué à s'inscrire psychiquement pour l'analysant. Confronté à une « rupture de la transitionnalité » (Pons-Nicolas, 2017), au traumatique qui entre en résonance avec le sien, la tentation est grande de vouloir comprendre pour se dégager. Il convient cependant de prendre garde à ce qu'il y a de préhension, de maîtrise, voire d'emprise dans la compréhension.

Comment supporter l'incertitude, en accueillant l'acte, le comportement, en tolérant les paradoxes, le ressenti ?

Passer du non-sens au sens potentiel nécessite une réceptivité au mouvement de la séance se tissant dans la matière sensible du rythme du discours, de sa prosodie, de sa musique autant que de son énoncé. N'attendre rien pour qu'advienne beaucoup. Une position de réserve interprétative qui permette que se constitue, à partir de représentations d'attente, un domaine intermédiaire préconscient. Ce dernier favorise l'accès de l'analyste à ses rudiments d'affects, ainsi que son accès à la configuration inconsciente de l'analysant. Celui-ci pourra alors vivre une expérience dans laquelle l'investissement de son fonctionnement psychique sera un équivalent de la tendresse parentale. Tendresse qui a bien souvent fait défaut pour commencer à opérer une inhibition de but de la pulsion, un déplacement du registre de l'acte vers l'espace psychique.

L'analyste est amené à fournir un travail sur ce qui l'affecte en séance pour le subordonner au procès analytique et le dégager de la fusion-confusion. Winnicott, dans son article sur « La haine dans le contre-transfert » (1947), en montre un exemple saisissant. Il souligne comment le patient active chez l'analyste des motions pulsionnelles qui ne sont pas simplement des résidus non analysés qui viendraient gêner le travail analytique. Ces motions ne sont pas non plus l'expression d'identifications projectives déposées dans l'analyste par le patient. Il s'agit plutôt de strates de son propre développement. Le transfert du négatif sollicite le négatif de l'analyste. Pour être générateur en miroir de productions psychiques propres à favoriser la transformation de ce qui se présente en représentations pendant les séances, l'analyste est contraint à un *travail* de contre-transfert, « Travail de contre-transfert à vif » (Aisenstein, 2010, p. 1389) dans lequel l'affect est partie prenante pour élaborer la violence non dite, l'impuissance imposée : des facteurs de haine contre-transférentielle. Un travail de contre-transfert qui s'appuie sur la perception et la reconnaissance de ses propres résistances à incarner l'adulte séducteur, tyrannique, abuseur, etc. Travail imposé par ce qui résiste en lui. Le refoulement par l'analyste, comme ce fut le cas avec monsieur T., d'un événement traumatique majeur, doit-il être considéré comme un obstacle au processus ? À mon sens, il a eu une fonction pare-excitante, permettant de fractionner de grandes quantités d'excitations. Il a permis aussi une première inscription dans la psyché de l'analyste pour favoriser dans l'après coup l'émergence de nouvelles représentations afin que se construise un authentique passé. Il a été dans ce cas, une ouverture à la temporalité. Ici l'émotion a mis en mouvement l'analysant et son analyste. *Movere*, mettre en mouvement, est l'étymologie de ce mot.

L'analyste, pour attraper ce qui se dérobe, se retrouve sur une ligne de crête, entre compréhension distanciée du fonctionnement psychique du patient et accueil de la part d'inconnu auquel il doit faire écho. Il laisse résonner en lui sa sensibilité aux perceptions inconscientes de ce qui manque à être symbolisé. Un travail de et du contre-transfert, bien loin d'une simple identification interne à une bonne mère réparatrice, permet qu'une source de tourment, qu'une douleur tapie dans l'ombre de l'analysant, devienne un vibrant trait d'union.

RÉFÉRENCES BIBLIOGRAPHIQUES

Aisenstein M. (2010), « Les exigences de la représentation », *Revue française de psychanalyse*, LXXIV/5, p. 1367- 1392.

Bayle G. (2012), *Clivages, moi et défenses*, Paris, Puf, « Le Fil rouge ».

Botella C. (2016), « Mémoire sans souvenirs. Cas limites et psychosomatiques », *Revue française de psychosomatique*, 2/50, p. 183-206.

Coblence F. (2023), *Le Domaine de psyché*, Paris, Puf, « Le Fil rouge ».

Denis P. (2010), *Rives et dérives du contre-transfert*, Paris, Puf, « Le Fil rouge ».

Freud S. (1912), « La dynamique du transfert », dans *La Technique psychanalytique*, trad. fr. A. Berman, Paris, Puf, 1953 ; *OCF.P*, XI, Paris, Puf, 1998.

Freud S. (1937/1985), « Constructions dans l'analyse », dans *Résultats, idées, problèmes*, II, Paris, Puf.

Freud S. (1940e [1938]), « Le clivage du Moi dans le processus de défense », dans *Résultats, idées, problèmes*, II, Paris, Puf, 1985 ; *OCF.P*, XX, Paris, Puf, 2010, 219-224.

Heimann P. (1950), « On Countertransference », *International Journal of Psychoanalysis*, 31, p. 81-84

M'Uzan M. de (1977), *De l'art à la mort*, Paris, Gallimard, « Tel ».

Neyraut M. (2004), *Le Transfert*, Paris, Puf, « Le Fil rouge ».

Pons-Nicolas S. (2017), « Du contre-transfert traumatique au plaisir partagé. Réflexion sur la rupture de la transitionnalité », *Revue française de psychanalyse*, LXXXI/3.

Pontalis J.-B. (1988), *Perdre de vue*, Paris, Gallimard, « Folio essais ».
Press J. (2015), « Le transfert du négatif. Histoire d'une possession blanche », *Revue française de psychanalyse*, LXXIX/4.
Scarfone D. (2014), « L'impassé, actualité de l'inconscient », *Revue française de psychanalyse*, LXXVIII/5.
Winnicott D. W. (1947/1992), « La haine dans le contre-transfert », *De la pédiatrie à la psychanalyse*, Paris, Payot, p. 48-58.

Traumatisme, contre-transfert et pensée clinique

Christian Delourmel[1]

Ce n'est peut-être pas un hasard que ce soit dans « Constructions dans l'analyse » que Freud prend en compte « ce fait fondamental [...] l'action de l'analyste, reléguée (jusqu'ici) à l'arrière-plan », bien qu'il s'agisse, poursuit-il, d'un « fait bien connu et pour ainsi dire évident » (Freud, 1937b, p. 270). Ce texte majeur, qui représente, selon certains analystes, un troisième tournant dans la pensée freudienne, constitue une ouverture psychique par rapport au « roc biologique » sur lequel il concluait son questionnement quelques mois auparavant pour rendre compte des résistances opiniâtres qu'on rencontre dans certaines cures où « tous les déroulements, relations et répartitions de forces se sont avérés inchangeables, fixés, figés » (Freud, 1937a, p. 257). Freud avance l'hypothèse de la présence dans ces cas de traces traumatiques précoces « d'avant le langage », c'est-à-dire de traces perceptives et sensori-motrices qui n'ont pu pas se constituer en représentation de chose, et qui ne peuvent donc pas être mises en rapport avec les représentations de mots.

---

1. Psychiatre, membre titulaire formateur de la SPP, membre titulaire formateur de l'Institut de psychosomatique Pierre-Marty.

De ce fait, l'actualisation de ces traces douloureuses sous l'effet de leur résonance inconsciente avec un événementiel actuel ou par le processus analytique ne peut pas s'effectuer par la voie longue du représentationnel et de la remémoration, et constitue plus, de ce fait, une reviviscence qu'une réminiscence de ces traces. Comme le dit André Green, « lorsque les traumas surviennent avant l'acquisition du langage, la remémoration est impossible. Le transfert est alors actualisation plus que remémoration, car l'analysant n'y reconnaît pas le retour du passé » (Green, 2000a, p. 108).

La psychanalyse contemporaine a montré l'importance des aléas de la relation de l'enfant avec l'objet primordial (qui inclut la mère et le père) dans la constitution de ce passé traumatique précoce, et l'importance du contre-transfert de l'analyste dans le destin élaboratif du retour dans la cure de ce passé traumatique dont la tendance spontanée est de s'effectuer par une voie courte qui court-circuite la voie longue de la remémoration et du représentationnel. La qualité traumatique de ce passé douloureux précoce et les aléas de son retour, que Green propose de nommer « remémoration amnésique hors champ des mémoires consciente et inconsciente (ou) mémoire amnésique » (*ibid.*), tiendraient au fait que les traces perceptives et sensori-motrices douloureuses inscrites dans le psychisme comme précipité des expériences vécues dans la relation avec l'objet primordial (qui inclut la mère et le père) à une époque où « l'enfant savait à peine parler » n'ont pu se constituer en traces mnésiques, et restent de ce fait non représentables, non remémorables.

Le retour de cette « mémoire amnésique » ne concerne pas seulement la répétition de traces traumatiques qui infiltrent le présent au point de le déformer plus ou moins complètement. Il se manifeste également par les « répétitions de réactions remontant aux premiers âges de l'enfance » (Freud, 1937b, p. 272), c'est-à-dire par la répétition de moyens de défense archaïques mis en œuvre par un moi naissant privé de moyens psychiques pour vectoriser ce complexe traumatique dans le champ représentationnel. Freud invoque le masochisme et/ou à la conscience de culpabilité pour rendre compte du « démoniaque » de la compulsion de répétition[1] qui se manifeste par l'actualisation de ce complexe traumatique précoce, et dont un des buts serait de « se défendre contre la guérison par tous les moyens » (*ibid.*). Mais ces hypothèses sont-elles suffisantes pour expliquer l'intensité de l'infiltration du psychisme de ces patients par une pulsion de destruction à prédominance autodestructrice et le pourquoi de cette défense contre la guérison par tous les moyens ?

Pour apporter un éclairage à ces questions, je vais me référer aux hypothèses d'André Green sur le recours paradoxal à la pulsion de destruction comme défense dans ces conjonctures traumatiques[2]. L'une de ces « réactions remontant aux premiers âges de l'enfance » consisterait, selon André Green, à recourir défensivement à la fonction désobjectalisante de la pulsion de destruction comme « solution extrême de lutte contre l'envahissement par l'Autre, souhaité et redouté, que les états de fusion illustrent, le danger étant l'explosion et l'implosion, mutuellement catastrophique » (Green, 1976, p. 58). Ce sont des états où « la tendance vers l'objet zéro, ni l'Un ni l'Autre, le Neutre, devient objet d'investissement » (*ibid.*) vise l'objet et se réfracte en miroir sur la représentation

1. Je renvoie le lecteur à mes développements sur les rapports de la compulsion de répétition avec le principe de plaisir et le principe paternel (Delourmel, 2011).

2. Je renvoie le lecteur à un travail sur l'œuvre de Green centré sur les rapports entre ses conceptions sur la destructivité et ses principaux concepts (Delourmel, 2013). Je renvoie également à un autre travail centré sur les modalités d'action de la destructivité dans ce noyau traumatique précoce qu'est la dépression primaire (Delourmel, 2017).

interne de l'objet, du fait que ces états sont caractérisés par une mise en crise intense des limites dedans-dehors. Ce que postule ainsi Green, dans ce qu'il définit comme « pulsionnalisation des défenses du Moi » par les pulsions destructrices, à la source d'une véritable « perversion du Moi » (Green, 1993, p. 175-184), est une configuration défensive paradoxale particulièrement aliénante et mortifère. En effet, dans cette activité défensive qui « se rattache aux pulsions de destruction, les défenses supposées prévenir les effets de ces dernières se chargent elles-mêmes par leur action de refus, d'un potentiel de néantisation qui rejoint ce contre quoi elles s'élèvent » (*ibid.*, p. 180). La psychose en serait une modalité extrême.

Dans ces moments primordiaux de la vie psychique qui font le lit de la psychose, l'enfant, soumis à une activité pulsionnelle intense de la mère, doit faire face, non seulement à la lutte contre les excitations pulsionnelles internes, mais à un second front de lutte contre la source de ces excitations pulsionnelles externes venues de l'objet. Dans ces circonstances où les pulsions de destruction sont mobilisées, parce que le Moi ne peut pas se constituer, les pulsions de destruction semblent jouer alors le rôle d'un dernier recours cherchant à neutraliser l'objet pour mettre fin à la relation fusionnelle avec l'objet primordial… la psychose est une « conjuration de l'objet… » (Green, 1980b, p. 179-181).

Ce recours défensif paradoxal au désinvestissement désobjectivisant serait analogue dans les fonctionnements non névrotiques, mais moins absolu que dans la psychose, car ces fonctionnements présentent toujours des oscillations déliaison-reliaison. Une modalité de cette défense paradoxale, qui serait spécifique aux états limites, résiderait dans un processus de désengagement dont André Green avance la métapsychologie dans le concept de *fantasme de déliaison subjectale du Moi* (Green, 1993, p. 201). Dans ce concept, Green rend compte d'une activité défensive inconsciente qui consiste en une « dissociation entre le Moi et le sujet [où] c'est l'engagement à l'objet en passant par la pulsion qui se défait » (*ibid.*, p. 200). Cette opération, qui conduit le Moi « à déconnecter en lui les assises de sa subjectivité » (*ibid.*, p. 201), est à la source d'une *désertification psychique* (Green, 2005) entretenue par ce recours défensif compulsif et aveugle au désinvestissement désobjectivisant. Cette tendance au désengagement se manifesterait en séance d'analyse par un « évitement associatif [qui] porte sur la fonction analytique elle-même, avec le désir d'échapper à l'investigation » (Green, 2002a, p. 151). Dans cette « disposition psychique de base », que Green décrit dans *La Position phobique centrale*, la négativité qui se porte sur la parole analytique et gèle l'association libre résulte d'une défense qui utilise « la destructivité qui se porte de façon prévalente, *prioritairement, sur le propre fonctionnement psychique du sujet* » (*ibid.*, p. 163). Cette défense serait activée pour parer à une menace traumatique dont l'essence ne réside pas seulement dans « le risque du réveil d'un trauma marquant, mais dans la mise en rapport de lignées traumatiques, le réveil de l'un quelconque de ces traumas entrant en résonance amplificatrice avec d'autres » (*ibid.*, p. 152). Et plus précisément, pour parer à un danger engendré « par la mise en résonance et correspondance entre certains thèmes dont le plein épanouissement et la reviviscence complètes dans le conscient menacent l'organisation du Moi, renvoyant à des rapports de renforcement mutuel ressenti comme une invasion angoissante par des forces incontrôlables, créant une désintégration virtuelle et répondant au déchaînement d'une violence inouïe dirigée contre le Moi du patient » (*ibid.*, p. 153).

C'est dans ces cas où « l'analyste est trahi par l'orientation du psychisme qui vise à entretenir le mal-être au lieu de le combattre » (Green, 2010, p. 81), c'est-à-dire « dans ces cas où le patient est enfermé dans une politique de Gribouille qui consiste à entretenir en lui la destructivité», que la dynamique transféro/contre-transférentielle avancée par Winnicott dans *L'Utilisation de l'objet* prend toute son importance. Cet auteur accorde en effet un rôle décisif au destin de cette destructivité chez le patient dont l'élaboration exige pour s'accomplir d'être d'abord mise en scène dans le transfert, puis une réponse de l'analyste qui doit se montrer touché par cette destructivité, mais en même temps y survivre en tant qu'analyste, et ne pas y répondre par une rétorsion. Je rappelle la séquence décrite par Winnicott:

> Le sujet dit à l'objet: je t'ai détruit, et l'objet est là, qui reçoit cette communication. À partir de là, le sujet dit: «Hé! l'objet, je t'ai détruit» – «Je t'aime. Tu comptes pour moi parce que tu survis à ma destruction de toi.» «Puisque je t'aime, je te détruis tout le temps dans mon fantasme (inconscient).» Ici s'inaugure le fantasme de l'individu [...] En raison de la survivance de l'objet, le sujet peut alors commencer à vivre sa vie dans le monde des objets [...] mais le prix à payer sera l'acceptation de la destruction qui s'opère dans le fantasme inconscient (Winnicott, 1968, p. 236-237).

En termes de mouvements d'intrication-désintrication des pulsions de vie et de mort, ce que Winnicott décrit dans la séquence – «je te détruis l'objet, et parce que tu survis à ma destruction, je t'aime» –, c'est l'inversion en faveur de l'Éros d'une tendance jusque-là dominante, celle qui plaçait la destructivité au premier plan. Il ne s'agit plus seulement de déchiffrer le code de la structuration du monde interne du patient seul, mais de porter aussi son attention aux échanges l'analysant et de solliciter chez l'analyste qui se risque à cette expérience une attention toute particulière à son contre-transfert. Accepter de se laisser «toucher-détruire» par les investissements bi-pulsionnels de son patient, engager un travail auto-analytique et son prolongement dans un processus théorisant pour élaborer cet impact contre-transférentiel, c'est une façon, psychanalytique, d'y survivre. Et c'est de ce creuset élaboratif contre-transférentiel qu'émergeront, dans l'après-coup de ce travail, des interventions-interprétations-constructions qui leur conféreront un pouvoir de conviction équivalent à la remémoration, conjointement aux transformations de l'équilibre pulsion de vie-pulsion de mort en faveur de l'Éros. La réussite de ce processuel transformateur implique donc, de façon décisive, le contre-transfert de l'analyste qui est engagé dans ces moments non seulement dans ses vertex fantasmatique et affectif, mais aussi dans son vertex théorique. Car il existe aussi un contre-transfert théorique et même épistémologique, qui ne concerne pas seulement le rapport à la théorie, mais aussi le type de théorie auquel on se réfère, et qui oriente notre écoute et même notre capacité d'écoute. Comme le disait Michel Fain, « la technique d'un psychanalyste reste dépendante, avant tout, certes de sa propre analyse, mais aussi de l'organisation de ses aptitudes intellectuelles » (Fain, 1982, p. 16), c'est-à-dire de l'organisation de sa pensée théorisante qui, selon la conception psychanalytique, constitue un redoublement au niveau de l'abstraction du représentationnel, et s'ancre comme celui-ci dans le pulsionnel. D'un point de vue psychanalytique, représentation et pensée ont en effet un référentiel commun – le concept de pulsion – et son corollaire, le concept de sujet, avec les notions de processus de subjectivation et d'appropriation subjective. Je rappelle que, du point de vue de la psychanalyse, le système représentationnel est, comme l'a précisé André Green dans ses derniers travaux (Green, 2011, p. 42-44), un mixte qui dérive, d'une part des perceptions venant du monde extérieur, et d'autre part de la pulsion définie comme représentant psychique des excitations nées à l'intérieur du corps et parvenant au psychisme. Il existe donc pour la représentation inconsciente un double système de représentation, un mixte, un amalgame entre la représentation d'objet, venue du monde extérieur, qui apporte la satisfaction, et le représentant psychique de la pulsion qui, venant du corps, demande la satisfaction. La représentation est ainsi, du point de vue de la psychanalyse, une formation complexe dont les manifestations, hétérogènes, s'étendent dans un vaste spectre psychosomatique – états du corps-représentant psychique de la pulsion, représentant-affect-représentant-représentation, représentation de mot, langage, pensée – dont les rapports de continuité/discontinuité et d'articulation/désarticulation sont sous l'égide de processus d'émergence et de récursion organisationnelle régulés par mouvements d'intrication/désintrication/ré-intrication de la fonction objectalisante de la pulsion de vie et de la fonction désobjectalisante de la pulsion de destruction. C'est dans ce fil qu'il faut considérer d'une part, la pensée des processus secondaires : c'est la pensée au sens traditionnel ; et la pensée des processus primaires : c'est « la pensée – non pensée » (Donnet et Green, 1973, p. 248), constituée par les rêves, les fantasmes. De ce fait, le processus primaire, la réalisation hallucinatoire du désir et même la pulsion en tant qu'émergence psychique de l'excitation somatique seraient, selon ces deux auteurs, des formes, inchoatives, du penser.

L'organisation de la pensée théorisante de l'analyste, qui relève du vertex théorique de son contre-transfert, s'ancre dans l'analyse personnelle de l'analyste, au même titre que les vertex affectif et fantasmatique avec lesquels elle entre en résonance mutuelle. L'analyse personnelle de l'analyste comme préalable à la formation professionnelle est un fait unique dans le champ des sciences, et c'est ce qui confère à la pensée théorisante du psychanalyste une spécificité qui est propre au champ d'expérience où elle s'inscrit et se déploie – la situation analysante. Cette spécificité de la pensée par rapport aux autres sciences a été théorisée par André Green dans la notion de *pensée clinique*, qu'il définit comme un « mode original et spécifique de rationalité issu de l'expérience pratique » (Green, 2002b, p. 11).

L'erreur serait de considérer que la clinique n'est qu'une pratique, et surtout que clinique s'oppose à théorie. Je soutiens qu'il existe en psychanalyse, non seulement une théorie de la clinique, mais une pensée clinique… L'élaboration peut être poussée à un niveau de réflexion qui a pris ses distances vis-à-vis de la clinique, mais même s'il n'est pas fait explicitement référence aux patients, la pensée clinique y fait toujours penser. Les écrits psychanalytiques (c'est-à-dire les lieux où se déploie la pensée théorique des psychanalystes) « parlent » ou « ne parlent pas » à leurs lecteurs. On reconnaît indubitablement la pensée clinique quand l'élaboration théorique soulève des associations qui se réfèrent à tel ou tel aspect de l'expérience psychanalytique chez le lecteur. Ces associations sont parties intégrantes du mode d'articulation de la pensée clinique. La pensée clinique a le pouvoir de nous rendre sensibles à un travail de pensée à l'œuvre dans la rencontre analytique (*ibid.*, p. 11, 12, 13).

C'est une forme de pensée qui est un produit d'émergence de la mise en résonance entre les différents vertex du contre-transfert, et qui doit, pour garder sa qualité de pensée clinique, respecter un paradoxe qui concerne les rapports entre théorie et pratique en psychanalyse. Ce paradoxe, qui ouvre sur la notion d'écart théorico-clinique, réside dans la nécessité contradictoire, comme le dit Jean-Luc Donnet, d'une part « de mettre en suspens dans le temps de la pratique le savoir théorique » et d'autre part d'éviter un double risque : « le risque d'une pratique sans étayage théorique et celui d'une collusion entre théorie et pratique qui ferait de la cure une pure application du savoir » (Donnet, 2005, p. 38). C'est une des fonctions de l'analyse par l'analyste de son contre-transfert que d'établir/rétablir cet écart théorico-clinique, c'est-à-dire de reconnaître ce hiatus incomblable entre théorie et pratique, car « reconnaître ce hiatus, c'est reconnaître que le psychisme ne s'aborde qu'obliquement, qu'il fait signe. Et c'est bien en écoutant, en se tenant à la tête du divan, qu'on s'ouvre à résonner à l'inconscient de l'analysant, en laissant vibrer le sien propre » (Green, 2002b, p. 12). C'est donc dans cette résonance entre l'inconscient du patient et l'inconscient de l'analysant que s'inscrit l'organisation de la pensée théorisante de l'analyste et s'acquiert la qualité d'une pensée clinique. L'acquisition de cette forme de pensée, qui résulte d'un travail réflexif mené dans l'après-coup des séances – car le temps du vécu de l'expérience n'est pas le temps de sa compréhension – est une des façons pour l'analyste de survivre, dans le sens de Winnicott. D'autre part, les éclairages qu'elle apporte permettent à l'analyste de se représenter le drame de son patient et de mieux comprendre ce que celui-ci lui fait vivre, et le pourquoi. Cela permet à l'analyste de comprendre également pourquoi il lui faut ténacité et patience pour respecter aussi longtemps que nécessaire ces systèmes défensifs du patient, vitaux dans beaucoup de ces cas tant sur le plan psychique que sur le plan somatique. Le patient peut alors se sentir compris en profondeur dans sa détresse, compréhension qui passe par-delà les mots, et il est inutile d'insister sur la valeur narcissique pour le patient de cette compréhension de son drame par son analyste.

La mise en scène dans le transfert de la séquence décrite par Winnicott se manifeste à différents moments de l'analyse. Se joue à chaque fois le passage de « Hé ! l'objet, je t'ai détruit… Je t'aime », c'est-à-dire un moment de prévalence dans l'inconscient et le conscient des forces libidinales sur les forces destructrices. Je vais me limiter à évoquer un moment, capital dans toute cure. Ce moment concerne la mobilisation du fantasme inconscient d'introjection du phallus paternel sur un mode sadique anal, dont Denise

Braunschweig a montré l'importance dans l'organisation interne du Fantasme de Scène primitive – « ce prototype de l'Œdipe, cette matrice symbolique qui permet à celui-ci de se construire » (Green, 1980, p. 239). Ce mouvement processuel concerne également l'organisation interne du Fantasme de Castration et l'articulation de ces deux Fantasmes originaires (Braunschweig, 1971). Cette fantasmatique d'introjection du phallus paternel constitue un *carrefour œdipien*, comme l'argumente Bela Grunberger. Selon cet auteur, c'est un point critique de toute cure entre l'Œdipe intégrable et l'Œdipe non intégrable, et cela dans les deux sexes. Et parfois un moment traumatique quand se projette en après-coup sur ce fantasme un complexe traumatique précoce, et je rajouterai, un moment de cure qui mobilise la dynamique T/CT de *l'utilisation de l'objet* décisive dans l'organisation interne de ce fantasme inconscient dont un des enjeux, cruciaux, est la transformation d'une incorporation destructrice de l'objet à un processus d'introjection conservateur de l'objet concomitant d'une différenciation des imagos maternelle et paternelle[1].

> On est souvent confronté, dans l'analyse, à une crise d'angoisse subite et massive de l'analysé… provoquée par l'approche d'un matériel particulier, qui est *l'introjection du phallus paternel*, mais sur un mode *anal* spécifique. Il s'agit de l'appropriation de l'objet partiel *sur un mode profond, archaïque, animal, quasi organique… C'est un point critique de la cure*, le point de séparation entre l'Œdipe intégré et l'Œdipe non intégrable, entre l'analyse vécue et l'analyse désincarnée, intellectuelle, un mouvement charnière de la cure (Grunberger, 1983, p. 448-450).

1. Voir sur ces points mon Rapport CPLF (2013) et deux articles (Deloumel, 2015 et 2016).

En contrepoint de ce point de séparation chez le patient entre une analyse vécue pulsionnellement et une analyse désincarnée, intellectuelle, donc une analyse qui échoue à intégrer la vie pulsionnelle, répond chez l'analyste la séparation entre une théorisation qui relève d'une véritable pensée clinique, représentant au niveau de la pensée du fonctionnement mental d' un « Œdipe attracteur » (Ody, 1990) et une pensée théorique coupée de ses ancrages pulsionnels, dont la pensée opératoire théorisée par les psychosomaticiens est un exemple saisissant. Un indice de la dérive d'une pensée clinique vers une forme de pensée coupée de son ancrage pulsionnel est la perte en séance par l'analyste de cette résonance à l'inconscient de son analysant. C'est un mode de défense auquel l'analyste peut avoir recours dans certains moments contre-transférentiels difficiles. Dans ces conjonctures transféro/contre-transférentielles, où le patient s'est risqué à desserrer ses étaux défensifs, la vague d'excitation-pulsion libérée et projetée sur l'analyste se heurte alors au béton de cette défense contre-transférentielle, redoublant ainsi le traumatique précoce de sa relation avec l'objet primordial. De ce fait, l'élan pulsionnel se retourne en doigt de gant sur le patient. Partant du corps, il revient au corps en éclatant en décharges d'affect, en décharges sensori-motrices, c'est-à-dire sur un mode traumatique. Cet élan se fracasse comme il se fracassait jadis avec l'objet primordial sur le vide-béton d'une psyché défaillante dans sa capacité de rêverie. Aucun analyste n'est à l'abri de ce type de dérive du penser : le maintien du statut de pensée clinique est pour l'analyste une conquête-reconquête permanente, en particulier dans les moments de turbulence pulsionnelle que traverse toute cure analytique, et la vie avec ses aléas. Mais, comme le disait René Diatkine, un bon psychanalyste n'est pas celui qui ne fait pas d'erreur, c'est celui qui sait le reconnaître. C'est l'une des fonctions de l'analyse du contre-transfert que d'identifier ces moments de dérive du penser théorique, préalable à partir duquel peut s'engager un travail auto-analytique qui permet de redonner son statut de *pensée clinique* à sa pensée théorique.

RÉFÉRENCES BIBLIOGRAPHIQUES

Bouvet M. (1960/1985), « Dépersonnalisation et relation d'objet », dans *La Relation d'objet*, Paris, Payot, p. 295-435.

Braunschweig D (1971), « Psychanalyse et réalité », *Revue française de psychanalyse*, XXXV/5-6, p. 651-828.

Delourmel C. (2009), « Négatif et survie psychique », *Revue française de psychosomatique*, 36.

Delourmel C. (2013), « An Introduction to the Work of André Green », *International Journal of Psychoanalysis*, 94, p. 133-156.

Delourmel C. (2011), « Émergence et établissement du primat du principe de plaisir et du principe paternel dans le travail de la compulsion de répétition en séance », dans B. Chervet, C. Jean-Strochlic (dir.), *La Compulsion de répétition*, Paris, Puf, « Monographies et débats de psychanalyse », p. 147-184.

Delourmel C. (2013), « De la fonction du père au principe paternel », *Revue française de psychanalyse*, LXXVII/5, p. 1283-1353.

Delourmel C. (2015), « La question du père. Introjection anale du phallus paternel et transfert homosexuel structurant : incidences sur l'intégration de la sexualité masculine », dans M. Janin-Oudinot, M.-C. Durieux, L. Danon-Boileau (dir.), *La Sexualité masculine*, Paris, Puf, « Monographies et débats de psychanalyse », p. 63-79.

Delourmel C. (2016), « Rapports entre analité, sadisme et destructivité », dans H. Parat, J. Angelergues, M. Emmanuelli (dir.), *Destins de la libido*, Paris, Puf, « Monographies et débats de psychanalyse », p. 77-96.

Delourmel C. (2017), « Prolégomènes à une étude comparative des états limites et des états opératoires », dans F. Nayrou, G. Szwec (dir.) *La Psychosomatique*, Paris, Puf, « Débats en psychanalyse », p. 69-88.

Donnet J.-L., Green A. (1973), « La psychose blanche », dans *L'Enfant de ça*, Paris, Minuit.

Donnet J.-L. (2005), *La Situation analysante*, Paris, Puf, « Le Fil rouge ».

Fain M. (1982), *Le Désir de l'interprète*, Paris, Aubier Montaigne.

Freud S. (1937a/1985), « L'analyse avec fin et l'analyse sans fin », dans *Résultats, idées, problèmes*, II, trad. fr. J. Altounian, A. Bourguignon, P. Cotet et A. Rauzy, Paris, Puf, *GW*, XVI.

Freud S. (1937b/1985), « Constructions dans l'analyse », dans *Résultats, idées, problèmes*, II, Paris, Puf.

Green A. (1976/1983/2007), « Un, autre, neutre : valeurs narcissiques du même », dans *Narcissisme de vie, narcissisme de mort*, Paris, Minuit, p. 33-87.

Green A. (1980a/1983), « La mère morte », dans *Narcissisme de vie, narcissisme de mort*, Paris, Minuit, p. 222-253.

Green A. (1980b/1990), « Passions et destins des passions », dans *La Folie privée*, Paris, Gallimard, « Connaissance de l'Inconscient », p. 141-193.

Green A. (1984/1993), « Pulsion de mort, narcissisme négatif, fonction désobjectalisante », *Le Travail du négatif*, Paris, Minuit, « Critique », p. 113-122.

Green A. (1993), « Le clivage, du désaveu au désengagement », dans *Le Travail du négatif*, Paris, Paris, Minuit, « Critique », p. 157-2015.

Green A. (2000a), *Le Temps éclaté*, Paris, Minuit.

Green A. (2002a), « La position phobique centrale », dans *La Pensée clinique*, Paris, Odile Jacob, p. 149-185.

Green A. (2002b), « Pour introduire la pensée clinique », dans *La Pensée clinique*, Paris, Odile Jacob, p. 9-34.

Green A. (2005), « Le syndrome de désertification psychique », dans *Le Travail du psychanalyste en psychothérapie*, Paris, Dunod, p. 17-34.

Green A. (2010), *Illusions et désillusions du traitement psychanalytique*, Paris, Odile Jacob.

Green A. (2011), « Le langage au sein de la théorie générale de la représentation », dans *Du signe au discours*, Paris, Ithaque, p. 31-60.

Grunberger B. (1983/1989), « Le carrefour œdipien ou la psychanalyse à la croisée des chemins », dans *Narcisse et Anubis*, Paris, Éditions des femmes-Antoinette Fouque, p. 441-464.

Ody M. (1990), « Œdipe comme attracteur », dans *La Psychanalyse. Questions pour demain*, Paris, Puf, « Monographies de la Revue française de psychanalyse », p. 211-219.

Winnicott D. W. (1968, 1969/1989), « Objets de l'usage d'un objet », dans *La Crainte de l'effondrement et autres situations cliniques*, Paris, Gallimard, p. 231-263.

Le contre-transfert, quel inconscient ?

Martin Joubert[1]

GegenÜbertragung, « influence du patient sur la sensibilité inconsciente du médecin ». Le terme recouvre deux réalités psychiques différentes, désignant des phénomènes hétérogènes.

Lorsque Freud introduit au congrès de Nuremberg (30 et 31 mars 1910) la notion de contre-transfert, celui-ci est d'emblée rabattu sur l'analyse de l'analyste, qui devient la principale exigence du devenir analyste. Le terme avait surgi dans la correspondance préparatoire et il ne fait aucun doute que la liaison entre Jung et sa patiente Sabina Spielrein, dont il s'était ouvert à Freud, a pesé sur cette décision. Dans les « Minutes » (9 mars 1910), c'est déjà au niveau de la réponse amoureuse de l'analyste à l'amour de transfert du patient que Freud se situe : « Plus un individu est amoureux, plus il est dépendant de l'objet sexuel […] le médecin est sujet à un processus similaire, celui du "*contre-transfert*" [il] doit être surmonté […] cela fait de lui l'objet parfaitement froid que l'autre personne doit courtiser avec amour. »

De cette même année date la fondation de l'IPA, institution « gardienne du temple », dont Jung sera le premier président.

1. Psychanalyste, pédopsychiatre, membre de la SPP.

Puis Freud publiera ses « textes techniques », véritables « tables de la loi » psychanalytique. L'idée de contre-transfert apparaît donc sur le fond de ce premier mouvement d'institutionnalisation de la psychanalyse et d'organisation d'un Surmoi collectif.

Freud semble ensuite se désintéresser de la question, et c'est par une autre voie qu'elle va revenir. Dès 1909, sur le bateau qui les ramène d'Amérique, Freud, Jung et Ferenczi expérimentent l'analyse mutuelle de leurs rêves. Au décours de cette expérience, ils consultent une voyante berlinoise, point de départ d'un questionnement partagé jusqu'après l'introduction de la deuxième topique. De fait, le problème du contre-transfert sous-tend trois textes tardifs qui traitent de l'occultisme et de la transmission de pensée (1941 ; 1922 ; 1933). Ou plutôt faudrait-il parler de « transfert de pensée », puisqu'il y est question, non pas d'une pensée déplacée telle quelle de l'un à l'autre, mais du surgissement d'une pensée chez l'un, sous l'impulsion de l'appareil psychique d'un autre. Le désir du sujet aimante ce « transmis », alors que la psyché de l'analyste semble utilisée par son patient comme un « outil » à représenter ou à figurer.

Freud (1933) se montre fasciné par la coïncidence entre l'évocation par un patient du surnom que lui donne sa maîtresse : *Herr von Vorsicht* (M. de La Précaution), avec l'arrivée d'un certain docteur Forsyth dont il anticipe (*foresight* en anglais) la visite, tandis que s'échangent avec son patient les livres de la saga littéraire de la famille Forsyte. La porosité psychique qui s'y révèle entre les êtres pensants soulève un mélange de crainte et de fascination : le mouvement psychanalytique accueillera ces textes avec méfiance.

Vingt-cinq ans plus tard, Paula Heimann (1950) va bouleverser les positions instituées en étendant le contre-transfert à l'ensemble de ce que l'analyste perçoit et pense en séance. Mais là encore, Melanie Klein, trouvant sa position excessive, refusera son article. Heimann se situe pourtant au niveau du préconscient de l'analyste et de son associativité de séance. Conséquence « naturelle » de l'écoute en égal suspens, le contre-transfert s'impose comme une voie de connaissance et de construction de l'interprétation. Sa position n'est donc pas si hétérogène à celle de Freud, si l'on considère que l'analyse de l'analyste ne se limite pas à sa cure personnelle, mais se poursuit tout au long de sa vie professionnelle par son auto-analyse, ses échanges interanalytiques, sa production scientifique, etc. Si le texte a choqué, n'est-ce pas surtout parce que la proposition de Heimann déborde d'un cadre réglé par les variations du préconscient ? Son cas montre l'analyste saisie par un élément affectif en rupture avec le cours de l'analyse et qui la laisse aux prises avec un sentiment d'urgence à intervenir.

Avec D. W. Winnicott (1960) apparaît une rupture théorique radicale. Les patients « à la limite de la psychose » imposent à l'analyste « une relation directe, de nature primitive, qui va jusqu'à la fusion ». Ces patients réagissent de façon permanente à une carence, et ils ont besoin dans leur cure d'atteindre, par régression, un état de dépendance absolue. L'analyste est entraîné dans ce mouvement, car s'il reste orienté vers la réalité extérieure, il s'identifie au patient, « fusionnant même avec lui ». Les termes rappellent ceux qu'il utilise pour décrire le fonctionnement psychique d'une mère en présence de son bébé. Dans les premiers temps, la mère doit pouvoir s'abandonner à une « folie passagère » qui la fait fusionner avec son bébé pour s'adapter au plus près et entrer en relation avec lui à un niveau qui se passe des mots. Cet état particulier, véritable « folie maternelle primaire », n'est supportable que si la mère reste assurée de sa relation au monde par le biais d'un tiers extérieur à la dyade qui empêche qu'elle ne devienne totalement solipsiste, c'est-à-dire folle.

Le modèle construit par Bion autour de l'identification projective repose de la même manière sur l'activité de transformation d'éléments psychiques bruts de l'enfant par une psyché maternelle déjà entrée dans le langage. Cette indifférenciation des psychés trouvera à s'organiser du fait même de l'activité du psychisme maternel. Pour l'analyste une clinique du contre-transfert de noyaux psychotiques devient envisageable, reposant sur une capacité de rêverie liée aux aspects « maternels » du contre-transfert.

UN TERME QUI RECOUVRE DEUX RÉALITÉS CLINIQUES DIFFÉRENTES

Dans l'acception la plus courante du contre-transfert, les processus de pensée se situent au niveau des représentations et de leurs relations. Les articulations représentation de chose/représentation de mots sont au cœur d'une activité psychique de l'analyste qui intègre ses pensées, son perçu, son vécu (*Erlebnis*), tout ce qui le traverse au contact de son patient. Émotions, sentiments, impressions fugaces, réminiscences participent à ce travail d'élaboration. L'analyste et son patient travaillent à un niveau où le Moi et l'objet se trouvent bien séparés. Ici, le contre-transfert se superpose au travail d'associativité de l'analyste en séance et se déroule au niveau de son préconscient mis au travail par le transfert.

Ce registre n'est pas exempt des difficultés liées aux résistances du patient ou aux points aveugles de l'analyste, mais la cure s'y déroule dans un régime économique qui reste tempéré. L'analyste se trouve sur un terrain que son travail analytique personnel a largement balisé : le transfert y est identifié et les frontières psychiques de l'analyste et du patient sont bien déterminées. L'interprétation s'y conforme pour l'essentiel au principe énoncé par Freud (1913, p. 180) :

relancer l'associativité. Tout au plus faut-il rester attentif à garder vivant le processus associatif de séance.

Pourtant, à certains moments, dans certaines cures, l'analyste peut se trouver débordé par un matériel surgi directement de son propre inconscient et sur lequel il n'a pas de prise. Au contraire, il se sent comme habité d'un autre. Des affects, un ton de voix, des agirs ou des représentations incongrues le saisissent, sans rapport avec la continuité du matériel ou de sa pensée. Sa perplexité, le malaise qu'il en éprouve traduisent sa perception d'une inclusion « non-moi » dans sa trame psychique. Peuvent s'y adjoindre des phénomènes de remémoration d'un perceptif évanescent : fragments de musique, hallucinations olfactives, etc. (Joubert, 2016). À côté de ces fulgurances et à la limite entre percept et pensée, des états affectifs pénibles (découragement, désinvestissement, état dépressif) peuvent le gagner, marquant un processus d'empiètement psychique qui atteint parfois jusqu'à sa vie privée.

Dans ces états de trouble où les repères identitaires de l'analyste vacillent, son inconscient s'exprime en lieu et place de celui du patient, comme si son appareil psychique était utilisé par l'inconscient de son patient comme appareil à représenter. Perte des repères temporo-spatiaux, des différenciations soi-autre, moments de dépersonnalisation, tous témoignent de l'apparition d'une zone d'indistinction entre les psychés des deux protagonistes.

Dans cette indistinction partielle, le Moi de l'analyste est débordé par des contenus du Ça mobilisés par une conflictualité qui ne lui appartient pas en propre : « L'appareil psychique de l'analyste est littéralement devenu celui de l'analysant [...] pour y déclencher des processus mentaux originaux » (M'Uzan, 1976). Phénomène « prophétique » qui annonce et énonce des fragments inconscients ; ainsi se révèlent des zones de la psyché du patient ayant échappé à tout processus de représentation ou de symbolisation ; ou encore, selon Winnicott, « non vécues ».

EN PASSER PAR LE LANGAGE

C'est par la circulation d'un signifiant, *Vorsicht*/ Forsyte(th)/ *Foresight*, que Freud repère ce qui se joue avec son patient. Les auteurs qui se sont intéressés à ces phénomènes évoquent tous cette circulation d'éléments langagiers incongrus qui ne sont pas les produits du déplacement et de la condensation. Pour Heimann, le sentiment d'urgence qui la saisit est lié à son angoisse, « plus intense que ce qui se passe habituellement en début de séance ». Elle résulte d'un débordement du préconscient par un inconscient qui a échappé à la représentation.

Le signifiant, « un passage difficile », mobilise directement un signal de danger au niveau du Moi inconscient de l'analyste. La circulation d'inconscient à inconscient d'un affect non élaboré a trouvé à se représenter chez l'analyste sous la forme d'un sentiment d'urgence. Son appareil psychique a donné forme à une conflictualité insoutenable. Il arrive souvent dans ce champ de la clinique que les manifestations inconscientes se situent exclusivement du côté de l'analyste, qui produit des actes manqués, des lapsus, des rêves de « contre-transfert », des altérations de l'identité, tandis que son patient déroule un discours sans anicroche.

Dans les bons cas, l'appareil psychique de l'analyste peut figurer ce qui ne restait que comme traces énigmatiques, voire comme leur négativation pure et simple. Une trajectoire s'y dessine en direction de la représentation. Freud le remarquait : « Les émois inconscients [...] cherchent à se reproduire suivant le mépris du temps et la faculté d'hallucination propres à l'inconscient » (Freud, 1912, p. 116). Et c'est bien au niveau du rêve, zone limite entre perception et hallucinatoire, que devient possible leur figuration ; celui de l'analyste en l'occurrence, qui rêve là où son patient devrait le faire. Étant donné sa nature intermédiaire, le rêve peut trouver ce chemin pour produire des indices de ce qui reste en défaut de représentation. Il se trouve en résonance avec ce qui, dans la répétition, est sous la contrainte à représenter un traumatique resté énigmatique, sans forme, littéralement « a-morphe ». L'intensification de ces phénomènes sous l'effet du transfert favorise la transmission de processus psychiques qui court-circuitent la représentation.

Lorsqu'au rêve de l'analyste répond en écho un rêve du patient, la force pulsionnelle qui circule entre les deux protagonistes, la conjonction de leurs identifications narcissiques, dévoile une proximité psychique où se dissolvent les frontières. Ces rêves en miroir accompagnent la réintégration à la psyché du patient d'un élément manquant (Joubert, 2022). Une identification s'y produit, telle « qu'on ne sait plus à quoi s'en tenir quant au Moi propre, ou qu'on met le Moi étranger à la place du Moi propre », qui témoigne d'une « régression à des époques où le Moi ne s'était pas nettement délimité [...] par rapport au monde et à autrui » (Freud, 1919, p. 168).

DE LA RÉGRESSION

Avec le flottement interne lié au retrait des investissements extérieurs, l'analyste est facilement traversé par des éléments fugitifs, moments de retrouvailles hallucinatoires, qu'il serait bien en peine de rassembler dans des mots. À la faveur de la régression à un état quasi hypnotique apparaît une forme de psyché partagée, création commune désignée par de M'Uzan (1976) comme « Chimère ». Des zones d'ambiguïté y apparaissent, entre soi et non-soi, entre ce qui s'est dit ou bien seulement pensé, sous quelle forme, et dans la tête de qui.

De M'Uzan limite le phénomène, se plaçant sur un terrain où n'interviendrait pas la régression, et le sommeil de l'analyste n'est pour lui qu'un repli narcissique face à l'angoisse de dissolution des frontières. Il néglige du coup la valeur dynamique de l'état hypnotique dans lequel certains patients plongent leur analyste, le livrant à une véritable induction qui, comme dans tout sommeil hypnotique, conserve cependant la vigilance d'une partie du Moi.

Car, pour que le brouillage des frontières psychiques se produise, il faut que la régression se situe aussi du côté de l'analyste. Lorsque le contre-transfert est marqué par le négatif, la dépression peut l'envahir jusqu'à la mélancolie, et sa léthargie témoigne du désinvestissement induit. Il lui faut se confronter à un transfert qui l'absente de la séance ou le fait disparaître dans l'inorganique d'un cadre matériel. Sa torpeur relève pourtant d'une nécessité structurelle : elle est un passage obligé à ce qu'une partie vivante du patient puisse se ranimer (Joubert, 2009).

Une clinique de la régression en séance reste à décrire, non pas retour à une fixation prégénitale, mais régression des protagonistes jusqu'au pôle hallucinatoire de la psyché selon le modèle du rêve. Le travail se situe à un niveau où la dissolution des frontières autorise un certain degré d'illusion partagée et où se déploie une pensée informe. D'où le caractère énigmatique, flottant de certains contenus : dits ou simplement rêvés, ou rêvassés ? par l'un ou par l'autre, qui sait ? des entendus distordus qui pourtant tombent juste. Dans ces zones où sa vigilance s'éteint, restent à l'analyste sa capacité à rêver, ainsi que les aléas des changements d'état : c'est souvent sur une parole soudain signifiante que son patient le tire de ces pénibles états de léthargie induits, voire un acte de sa part – fût-il de parole – plus ou moins bien contrôlé, mais qui prend sens pour le patient.

RÉGRESSION, FIGURATION, HALLUCINATION

Si la chimère, création commune, ouvre des champs inaperçus, l'effacement des frontières psychiques permet l'émergence d'éléments incongrus révélateurs d'une « mémoire sans souvenirs » (Botella, 2001). L'appareil psychique de l'analyste devient le lieu d'une transformation qui autorise une figuration à qualité hallucinatoire d'un matériel « amorphe » du patient. La prise de conscience passe par un élément langagier à contrepied de la pensée de l'analyste. Ainsi C. Botella est-il intrigué quand il s'aperçoit qu'il sifflote intérieurement une ritournelle musicale. Portant son attention sur ce fait, il comprend qu'il s'agit d'un air d'opéra dont il retrouve le titre. Cette *Veuve joyeuse* réorientera la dynamique de la séance. Une endo-perception saugrenue de l'analyste a fait basculer la tonalité affective de la séance tandis qu'un fantasme inconscient touchant à la sexualité maternelle devient (re)présentable.

Le processus de remémoration engage la représentation au-delà d'un retour du refoulé. Le surgissement d'un perceptif à qualité hallucinatoire, emportant la conviction, forge le souvenir d'un élément jusque-là « non inscrit ». Si la remémoration s'installe sur le préalable de la « reviviscence », s'il s'agit de faire de la reviviscence une ressouvenance, elle résulte d'un travail insistant de construction-assimilation qui intègre les multiples après-coups que la compulsion de répétition ne cesse de produire. Expression d'une véritable « mémoire du rêve », elle suppose que l'analyste travaille « en régrédience ».

Dans le rêve, à côté de symbolisations ou de déplacements d'expériences de la vie de relation, s'expriment des éléments primitifs. Le corps, comme matériau élémentaire, « pousse à la représentation » et à l'intégration d'agonies primitives, de fragments, de surfaces, de fonctions corporelles, figurant autant d'accroches contre les sensations de chute dans le vide ou de dissolution du corps. Dans l'indistinction des premiers temps où hallucinations et perceptions sont confondues, ces expériences térébrantes des débuts de la vie psychique trouvent à revivre par le rêve.

Les représentations de type adhésives, surfaces élémentaires, lignes, bords, accrochages à la répétition sont autant de contrepoints aux angoisses que soulèvent les identifications corporelles (Haag, 1997) : ouverture abyssale du sol, mouvements de dérobement, ou encore l'animation soudain terrifiante d'un familier jusque-là inerte. Pour l'analyste il s'agit de laisser advenir une préforme sensorielle, objet limite de l'hallucinatoire, dont les cheminements restent imprévisibles et qui supposent une tolérance à se laisser traverser ou déborder par l'affect brut, alors même que sa capacité de rêverie est sidérée par les empiètements de la psyché du patient (Joubert, 2020).

Ce domaine de l'incertain exige une confiance à toute épreuve dans la méthode pour que se produise une figuration qui ouvre à une mise en mots. Il faut donc avoir acquis une relative tranquillité dans sa relation à son propre inconscient, par quoi se réintroduit la question de sa propre analyse. Pour Winnicott, le terme « contre-transfert » devrait désigner l'incapacité momentanée de l'analyste à régresser avec son patient.

À partir de la deuxième topique, Freud va réviser ses positions sur le contre-transfert en revenant à l'occultisme. La capacité médiumnique de certaines personnes à percevoir le désir inconscient de l'autre sans intervention du langage l'amène à reconsidérer le problème. Après la découverte de la compulsion de répétition et du poids du négatif dans la vie psychique, Freud va prendre en compte des modalités du transfert qui ne se limitent plus à l'articulation préconsciente entre représentation de chose et représentation de mots. Fruit d'un travail du Moi inconscient, le contre-transfert s'étend dès lors à la communication directe d'inconscient à inconscient : « Il y a du transfert de pensée », affirme-t-il à la fin de « Rêve et occultisme ». Au gré de la régression en séance, l'appareil psychique de l'analyste devient à même de figurer un irreprésentable chez le patient.

Ces aspects inconscients du contre-transfert ouvrent enfin une voie pour penser la psyché individuelle dans son lien au collectif et au transgénérationnel (identifications premières ; identification au Surmoi des grands-parents).

RÉFÉRENCES BIBLIOGRAPHIQUES

Botella C. (2015), « Sur la remémoration, la notion de mémoire sans souvenirs », *L'Année psychanalytique internationale*, 1.

Freud S. (1910/1993), « Les chances d'avenir de la thérapie psychanalytique », *OCF.P*, X, Paris, Puf, p. 61-74.

Freud S. (1912/2005), « Sur la dynamique du transfert », *OCF.P*, XI, Paris, Puf, p. 105-115.

Freud S. (1913/2006), « Sur l'engagement du traitement », *OCF.P*, XII, Paris, Puf, p. 163-184.

Freud S. (1919/1996), « L'inquiétant », *OCF.P*, XV, Paris, Puf, p. 147-189.

Freud S. (1921/1941/1991), « Psychanalyse et télépathie », *OCF.P*, XVI, Paris, Puf, p. 100-108.

Freud S. (1922/1991), « Rêve et télépathie », *OCF.P*, XVI, Paris, Puf, p. 120-144.

Freud S. (1933/1995), « Rêve et occultisme. Nouvelle suite des leçons d'introduction à la psychanalyse », *OCF.P*, XIX, Paris, Puf, p. 112-39.

Haag G. (1997), « Contribution à la compréhension des identifications en jeu dans le Moi corporel », *Journal de la psychanalyse de l'enfant*, 20, Bayard, Paris.

Heimann P. (1950), « On Countertransference », *International Journal of Psychoanalysis*, 31, p. 81-84.

Joubert M. (2009), *L'Enfant autiste et le Psychanalyste. Essai sur le contre-transfert*, Paris, Puf.

Joubert M. (2016), « Une odeur de femme », *Revue française de psychanalyse*, 80/4, p. 1096-1102.

Joubert M. (2020), « Il faut un esprit pour faire un autre esprit. Une idée si peu freudienne ? », *Revue française de psychanalyse*, 84/2, p. 367-375.

Joubert M. (2022), « Un rêve pour deux ; rêver à deux », *Revue française de psychanalyse*, 86/5, p. 1189-1194.

M'Uzan M. de (1976/1977), *Contre-transfert et système paradoxal. De l'art à la mort*, Paris, Gallimard.

Winnicott D. W. (1960/1987), « Le contre-transfert », dans *De la pédiatrie à la psychanalyse*, Paris, Payot, p. 229-236.

Un transfert de base négativant, dès le début[1] ?

Ellen A. Sparer[2]

Peut-on parler d'une réaction négative chez le psychanalyste dès le début ? Ou d'un transfert de base négatif ? Il arrive parfois qu'au cours d'échanges entre analystes on entende parler d'une réaction négative immédiate de la part de l'analyste à l'égard de son patient. Que ce soit dans le cadre d'une pratique libérale ou dans le cadre institutionnel, cette situation particulière interroge, car elle met à mal la relation des deux protagonistes de la cure, comme la confiance nécessaire dans la méthode. Quoi qu'il en soit, son élaboration semble essentielle à la poursuite de la cure. Et il semble que cette question n'ait pas donné lieu à beaucoup de travaux jusqu'à présent. Il s'agit donc ici de quelques pistes de réflexion à propos de cette réaction négative qui parfois apparaît d'emblée chez l'analyste.

Pour aborder cette question, je vais m'appuyer sur le contexte du Centre Jean-Favreau, ou Centre de consultations

---

1. Une première version de ce texte a été présentée lors du Colloque CCTP, janvier 2022.

2. Psychanalyste, membre titulaire formateur de la SPP, Directrice de L'Institut de psychanalyse de Paris.

et de traitements psychanalytiques (CCTP), où chaque patient est vu par deux analystes, d'abord par un consultant qui pose l'indication, et ensuite par l'analyste qui mènera le traitement, bien que ces considérations intéressent également l'exercice en libéral.

Au CCTP, la distinction analyste consultant-analyste traitant est présentée comme un dispositif nécessaire dans le contexte d'une institution qui exerce une fonction tierce et fournit un traitement sans coût financier pour le patient. Mais ces deux rencontres analytiques, séparées par une période de latence durant laquelle le patient est sur liste d'attente, sont à la fois discontinues et continues. Ainsi, alors que l'analyste traitant rencontre pour la première fois son futur patient, c'est pour ce dernier la rencontre avec un deuxième analyste du Centre, lié au premier par le cadre institutionnel. Ce qui est déclenché au début du traitement intéresse les trois protagonistes dont l'un, le consultant, représente l'institution et est toujours présent en arrière-fond du cadre. Chez le patient, le moment consultatif constitue une sorte de préhistoire de sa thérapie, sa rencontre avec un nouvel analyste signifiant la perte du consultant. Sa réaction dépendra de sa structure psychique ainsi que de ce qu'il a intériorisé… ou pas… à la suite des consultations. Cette situation peut se retrouver également en pratique libérale, lorsque la demande d'une cure est plus ou moins « prescrite » par un collègue, un psychiatre, un thérapeute. La particularité du CCTP est que chaque patient rencontre un deuxième analyste qui a, qu'il le veuille ou non, une notion du patient telle que décrite dans les observations rédigées par le consultant. Il y a alors un arrière-fond chargé d'une histoire condensée et à élaborer dans le travail psychique à venir. En ville, les premiers contacts laissent toujours une trace : la voix dans le message au téléphone, la formulation de la demande de rendez-vous, parfois un décalage entre la personne imaginée et celle qui se présente à la porte.

En réfléchissant aux différentes situations présentées au groupe restreint du Centre Jean-Favreau – un groupe de réflexion et d'élaboration collective –, j'ai été saisie par le fait que beaucoup d'entre elles concernaient une réaction « négative » immédiate de la part de l'analyste traitant du patient. Ces réactions chez l'analyste traitant avaient souvent un rapport avec l'indication, le sentiment, voire la conviction chez l'analyste que le consultant avait fait une erreur dans le choix du traitement proposé. Mais cette fois-ci, quelque chose de nouveau semblait émerger, un malaise, voire un contre-transfert négatif chez l'analyste, ce qui dans plusieurs cas s'est produit soit immédiatement ou du moins rapidement, après le début du traitement, suggérant que quelque chose dans la psyché de l'analyste lui-même avait été déclenché par la ou les rencontre(s) initiale(s) avec son futur patient. Quelque chose d'assez fort pour mettre en danger le traitement, ce qui m'a fait penser à la notion d'une réaction négative. Comme ce problème semblait concerner le début ou les premières rencontres, la notion de transfert de base de Catherine Parat (1995) m'est également venue à l'esprit. Au point que je me suis demandé si on pouvait parler dans ces cas d'une réaction négative d'emblée, chez l'analyste. Peut-être aurait-il été plus précis de parler de transfert de base négatif infiltrant le socle même du traitement.

C. Parat utilise l'expression « le transfert de base » pour décrire la relation spontanée entre le patient et l'analyste, autrement dit, le transfert positif sur l'analyste en tant que personne/objet et celui de l'analyste sur son futur patient. Pour Parat, ce lien positif est à la base de l'investissement du patient et de l'analyste dans la situation analytique. Il repose sur la libido narcissique dérivée des attachements les plus anciens, ainsi que sur ce qui est perçu « objectivement » par les protagonistes. Mais comment entendre l'aspect « négatif » présent d'emblée, ou rapidement ? Cet élément négatif concerne-t-il un reliquat des consultations, plus précisément quelque chose de perçu ou de projeté sur le consultant, qui est ensuite projeté sur l'analyste ? Ou concerne-t-il un reliquat de la pulsion de mort qui apparaît dans ce que Green a appelé le narcissisme de mort ? Selon Green (1993, p. 134), lorsque ce dernier domine, « l'Autre ne peut jamais se constituer par séparation », mettant en danger la mise en place de la situation analytique.

Un élément particulièrement intéressant était le mouvement dans les réflexions du groupe : historiquement, comme je l'ai dit plus haut, les difficultés rencontrées par l'analyste l'amenaient à émettre un questionnement ou un doute concernant l'indication : l'analyste pouvait avoir la conviction que le consultant avait fait une « erreur » ; puis est venue l'idée des patients « intraitables », c'est-à-dire inaccessibles à la transformation psychique ; et enfin, plus récemment, une sorte « d'intériorisation » de la problématique s'est produite : l'analyste traitant avait lui-même un soupçon d'une réaction négative à son nouveau patient.

Considérons alors que l'indication décidée à l'issue d'une consultation réussie ou bien menée peut provoquer une réaction parfois négative chez le patient qui doit maintenant investir un autre analyste dans un autre processus. Si le « but » des consultations, pour ainsi dire, chez le patient, est de lui faire découvrir le plaisir d'une réflexion sur soi, l'intérêt d'un transfert sur la parole et le processus, plutôt qu'un investissement sur la personne de l'analyste consultant, pour les patients dont nous parlons aujourd'hui, ce changement d'analyste peut provoquer une résistance particulièrement difficile à dépasser, produisant une exacerbation qui amène à penser à cette proposition de J.-B. Pontalis : « Plutôt rester malade que *tomber guéri* » (1988, p. 74). Ce dernier avait également noté que les analystes ont tendance à attribuer à l'autre, c'est-à-dire au patient, la responsabilité d'une réaction thérapeutique négative. Le groupe restreint, de par sa fonction tierce, peut amorcer une élaboration de ce qui a amené à cette situation figée entre l'analyste et le patient.

Dit autrement, c'est le début même du traitement qui soulèverait un espoir à la fois positif et en même temps impossible à vivre. Pourrions-nous dire que c'est cet espoir même qui déclenche soit la culpabilité inconsciente, soit le masochisme… ou bien dans certains cas, selon Freud, la pulsion de mort?

Dans *Le Moi et le Ça*, Freud (1923), en parlant des relations de dépendance du Moi, décrit la réaction négative, chez certains patients, à certains moments de la cure, suite à une intervention pleine d'espoir ou satisfaisante de l'analyste. Autrement dit, dans le cas de figure spécifique au CCTP, je propose que l'accord sur le traitement à venir, décision prise par le consultant et le patient ensemble, peut mettre en mouvement une telle réaction négative chez les protagonistes, en dépit d'une consultation apparemment bien menée.

À supposer que l'évaluation du consultant fut adéquate, et l'indication adaptée à la demande, pourquoi le patient développerait-il subtilement, au moment de la rencontre avec le nouvel analyste traitant, une «réaction thérapeutique négative» (*ibid.*, p. 292)? Les raisons de cette réaction varient bien sûr en fonction de la structure psychique du patient. Ce que je propose, c'est que lors de cette rencontre initiale, non seulement le patient lutte avec sa réaction négative à la rencontre d'un nouvel analyste, mais une réaction négative peut être déclenchée chez le nouvel analyste traitant, comme une sorte de «pré-contre-transfert», pour reprendre le terme de J.-B. Pontalis (1975), ou, pour reprendre celui de Catherine Parat, un transfert de base en partie négatif qui s'installe chez l'analyste. Ce «pré-contre-transfert négatif» peut, alors, prendre deux formes: soit un désaccord avec l'indication du consultant, soit, paradoxalement, un trop grand accord, une «confiance aveugle». Une de nos collègues nous avait donné un bel exemple de cette forme paradoxale lors d'un colloque il y a quelques années. La confiance aveugle, selon elle, était à comprendre comme un contre-investissement de l'appréhension devant un patient dont les agirs et les addictions laissaient peu de place pour l'histoire infantile et une indication « d'analyse ou rien[1] ».

N'oublions pas que l'analyste traitant ne « choisit » pas son nouveau patient, même s'il peut quand même dire non. Il en est souvent de même en pratique libérale. Au CCTP, précisons que cela est très rare et qu'il ne s'agit surtout pas de refaire les entretiens préliminaires. Lorsqu'il prend en charge un nouveau patient, il lui est demandé à prendre la première personne sur la liste d'attente.

De façon générale, J.-B. Pontalis (1975) a proposé d'ajouter un préfixe au terme « contre-transfert », c'est-à-dire de parler de « pré-contre-transfert » ou « contre-transfert originaire », décrivant alors une position préexistante chez l'analyste par rapport aux deux, voire dans le cas du Centre, aux trois, protagonistes de la situation transférentielle. Le point de vue de Pontalis est que le contre-transfert peut être considéré comme la contrepartie du transfert et qu'ils constituent tous deux le chemin par lequel « l'oublié, le refoulé, le clivé... » se retrouvent dans le contre-transfert. Ainsi, pour Pontalis, c'est le contre-transfert qui fait de nous des psychanalystes. C'est cette fonction analytique qu'il appelle « pré-contre-transfert ». Le « pré-contre-transfert » dont parle Pontalis concerne évidemment la situation habituelle d'un analyste qui reçoit chez lui un patient qui demande une analyse. Et il ajoute (*ibid.*, p. 75) : « la résistance au contre-transfert est tout autant présente ».

1. N. Franck, communication personnelle.

Selon Pontalis, ce pré-contre-transfert, ou contre-transfert originaire, a «ses sources pulsionnelles et narcissiques bien au-delà de l'identification à notre analyste».

Ses réflexions me paraissent également pertinentes en institution. Que se passe-t-il chez un analyste exerçant au CCTP qui n'aurait pas répondu en premier lieu à la demande du patient? Qu'est-ce qui se passe contre-transférentiellement lorsque la réponse à la demande du patient se fait par l'intermédiaire de l'Institution?

M. Neyraut, dans son livre remarquable sur le transfert (1980), ouvre ses propos, comme vous le savez, par le contre-transfert, ou plus précisément par la «spécificité d'un contre-transfert analytique». Je le cite: le «paradoxe du contre-transfert [est] qu'on puisse à la fois le concevoir comme précédant la situation analytique proprement dite et ne prenant sa vraie dimension que d'être confronté aux sollicitations internes nées de la situation analytique» (*ibid.*, p. 16). Il parle alors de la demande qui instaure cette situation analytique, qui exige une réponse de la part de l'analyste, réponse qui, parfois, précède l'instauration de la situation analytique. Un analyste se trouve «contraint de se concevoir comme l'objet des manifestations transférentielles» (*ibid.*, p. 22). Inéluctablement, cette contrainte fait intervenir le contre-transfert, avant même que le patient arrive comme «codésirant» dans le sens de vouloir se considérer comme l'objet transférentiel du désir du patient. L'analyste choisit le patient pour devenir l'objet du désir de ce dernier. Dans ce sens, la réponse de l'analyste se constitue comme une demande envers son futur patient (*ibid.*, p. 18).

Qu'est-ce qui se passe alors chez un analyste qui ne demande pas ce patient-là? Il y a une complexité qui émerge, au moment de la rencontre entre le patient et son futur analyste. Comment faire en sorte que la demande du patient et la réponse/demande de l'analyste convergent, en tout cas, assez, pour que le traitement soit «jouable»?

Que se passe-t-il lorsque l'analyste se sent d'emblée, ou rapidement, confronté à un transfert, voire un contre-transfert négatif qui met en avant un affrontement au regard de la communicabilité de l'inconscient, c'est-à-dire, d'un véritable processus analytique ?

Autrement dit, comment faire pour que « l'intraitable » du transfert ne vienne pas empêcher le travail lié à « l'intraitable » de l'inconscient ? Gardons dans nos esprits les deux « intraitables » freudiens – en première topique : l'inconscient, et en seconde topique : l'imago surmoïque déclenchant toute la charge de la culpabilité inconsciente.

Pour certains patients, mais parfois également pour l'analyste traitant, le sentiment émerge d'avoir été privé de sa capacité de mouvement, ou de décision – donc d'être passif, si ce n'est passivé ; l'appropriation de l'indication est onéreuse et donc difficilement acquise, la demande/réponse de l'analyste traitant ayant été « empruntée », pour ainsi dire, à la décision du consultant avec « son » patient. Bien que je me concentre sur le pôle narcissique, nous devons garder à l'esprit le pôle œdipien, toujours présent, même s'il n'est pas investi libidinalement d'emblée par le patient. Le patient n'est-il pas confronté à l'ébauche d'une scène primitive où l'analyste est confronté à l'imago projetée ? Et inversement, l'analyste n'est-il pas confronté à habiter l'imago projetée ?

En d'autres termes, les rencontres initiales entre le patient et son analyste traitant qui suivent une consultation réussie peuvent être comprises comme l'étape ou le moment qui déclenche une réaction négative chez les deux protagonistes. Plutôt que l'espoir que cette nouvelle rencontre puisse ouvrir la voie à une élaboration de la demande du patient, une réaction négative se déploie mettant au mal la possibilité d'élaboration. Ou, selon les mots de Green (1993, p. 133), « une aspiration des tensions au niveau zéro ».

L'expression « réaction thérapeutique négative » est le terme utilisé pour décrire une résistance au traitement, difficile et souvent réfractaire à l'interprétation. Freud décrit ce phénomène comme trouvant son origine dans un sentiment inconscient de culpabilité, ou comme on le voit dans le masochisme moral, mais à la fin de son œuvre, il l'a lié à la pulsion de mort.

La réaction thérapeutique négative peut alors révéler certaines limites du fonctionnement du Moi, ainsi que du Surmoi, amenant à une apparente intensification des symptômes plutôt qu'à une amélioration, le patient préférant pour ainsi dire entretenir sa souffrance plutôt que de l'élaborer.

Freud (1923, p. 292-293) note que cette position chez le patient envers son analyste trouve ses racines dans un sentiment de culpabilité, inconscient, ou un masochisme secondaire qui n'est pas ressenti en tant que tel. Le patient ne se sent pas coupable, mais il se sent malade. « *Le patient s'en tiendra à l'explication plus immédiate que la cure analytique n'est pas le moyen correct de lui venir en aide* » (c'est moi qui souligne). Freud ajoute dans une note (*ibid.*, p. 293) qu'une « similitude avec le processus présent dans la mélancolie est impossible à méconnaître ». Il poursuit :

> On dispose d'un sentiment emprunté, c'est-à-dire le résultat de l'identification avec une autre personne qui fut jadis objet d'un investissement érotique. Une telle prise en charge du sentiment de culpabilité est souvent le reste unique, difficilement reconnaissable, de la relation d'amour abandonnée. Elle [la culpabilité] dépend peut-être aussi de ce que la personne de l'analyste permette ou non qu'elle soit mise par le malade à la place de son idéal du Moi, ce à quoi est liée la tentation de jouer, à l'égard du malade, le rôle du prophète, du sauveur d'âme, du messie. Comme les règles de l'analyse vont décisivement à l'encontre d'une telle utilisation de la personnalité médicale, il faut avouer honnêtement qu'il se trouve là une nouvelle barrière à l'action de l'analyse…

Cela me ramène alors à ce qui est provoqué chez l'analyste en rencontrant son nouveau patient, que ce soit en Institution ou en pratique libérale. Pontalis, nous l'avons vu, suggère que c'est le contre-transfert même, auquel nous sommes soumis, qui fait que nous sommes analystes (1988, p. 74).

C. Parat, ajoutant là une dimension supplémentaire à la réflexion, souligne quant à elle que c'est lors de l'échange initial, verbal ainsi qu'infraverbal, que « [...] l'analyste tient compte intuitivement d'éléments plus ténus qui font entrer en résonance l'ébauche de ce sur quoi pourra s'établir son contre-transfert. Ces mouvements sont d'ailleurs inconsciemment, mais parfaitement perçus par le [patient] et pèsent sur son désir de venir ou non chez cet analyste » (1995, p. 164).

Ce transfert de base repose sur les premiers attachements, dont l'origine libidinale est narcissique, étoffé par des expériences ultérieures ; il comporte également certains éléments objectifs perçus par le patient dès les premiers contacts.

Si la libido narcissique est centrale dans les pulsions de vie, ainsi que dans le transfert de base, que se passe-t-il en ce qui concerne le narcissisme de mort ? Pour André Green, le narcissisme de mort s'ancre dans une recherche active du néant, une sorte de mort psychique qui permet d'éviter une logique du désespoir. Cette logique du désespoir est enracinée dans une culpabilité inconsciente, voire la pulsion de mort, et peut se manifester silencieusement lors du premier entretien avec l'analyste traitant, provoquant alors un transfert de base « négatif ».

L'« alliance de travail », un concept développé par R. Greenson (1967), traite également d'un lien entre l'analyste et le patient qui se situe en dehors ou en plus du transfert et la névrose de transfert. Ce lien, selon Greenson, enraciné dans l'égo de l'analyste ainsi que celui du patient, est le lien qui permette à l'analyse de se poursuivre indépendamment de la négativité transférentielle. Lorsqu'il fut confronté à des situations cliniques où les patients développaient des difficultés dans leurs analyses, en particulier, vis-à-vis de ceux qui semblaient « incapables de dépasser la phase préliminaire de l'analyse [...] n'étaient pas vraiment en analyse », Greenson fut amené à élaborer cette notion de « working alliance ». Pour Greenson, la clé se trouvait dans l'échec du patient à développer un « working alliance » fiable avec l'analyste, un « lien » entre l'analyste et patient qui va au-delà du transfert et de la névrose de transfert (1967, p. 191).

EN GUISE DE CONCLUSION

La mise en place d'une analyse met au travail les deux protagonistes, que ce soit en libéral ou en institution. Si le contre-transfert est un facteur de taille, j'essaie dans ce court texte de montrer que les mouvements négatifs inhérents à la psyché de l'analyste méritent d'emblée réflexion. Comme le dit P. Denis (2006), « La cure psychanalytique n'est pas une interaction, mais l'analyse d'une interaction ».

Ce sont les attentes conscientes et inconscientes du psychanalyste qui préparent le terrain pour le transfert du patient. Tout comme le transfert négatif et le transfert positif doivent être élaborés et analysés, le contre-transfert négatif et le contre-transfert positif doivent également être élaborés et analysés.

RÉFÉRENCES BIBLIOGRAPHIQUES

Denis P. (2006), « Incontournable contre-transfert », *Revue française de psychanalyse*, 70/2, Paris, Puf, p. 331-350.
Freud S. (1923), « Le Moi et le Ça », *OCF.P*, XVI, Paris, Puf.
Freud S. (1937), « L'analyse finie et l'analyse infinie », *OCF.P*, XX, Paris, Puf.
Green A. (1993), *Le Travail du négatif*, Paris, Minuit.

Greenson R. (1967), *The Technique and Practice of Psychoanalysis*, Madison, International Universities Press.
Neyraut M. (1980), *Le Transfert*, Paris, Puf, « Le Fil rouge ».
Parat C. (1995), *L'Affect partagé*, Paris, Puf.
Pontalis J.-B. (1975), « À partir du contre-transfert : le Mort et le Vif entrelacés », *Nouvelle Revue de psychanalyse*, 12, 1975.
Pontalis J.-B. (1981), « Non, deux fois non », *Nouvelle Revue de psychanalyse*, 24, Paris, Gallimard, 1988.

Déclinaisons du contre-transfert en supervision

Marie-France Dispaux-Ducloux[1]

> Ma thèse est que la réponse émotionnelle de l'analyste à son patient dans la situation analytique constitue l'un des outils les plus importants pour son travail. Le contre-transfert de l'analyste est un instrument d'investigation de l'inconscient du patient.
>
> Paula Heimann, *Sur le contre-transfert.*

L'introduction du concept de contre-transfert a été une étape importante dans les réflexions de Freud sur la technique analytique, à la fois sur la difficulté qu'il représente pour l'analyste et sur la nécessité de l'analyse personnelle approfondie pour que l'analyste puisse y faire face. La question de la formation est donc d'emblée présente dans la pensée de Freud. Dans ce volume des « Débats en psychanalyse » sur le contre-transfert d'hier à aujourd'hui, c'est l'angle de la supervision, des formes multiples que prend le contre-transfert en supervision, que j'ai souhaité aborder.

---

1. Psychanalyste titulaire et membre formateur de la Société belge de psychanalyse.

Après avoir brièvement décrit l'évolution du concept de contre-transfert au fil du temps, je vais reprendre quelques figures prises par le contre-transfert tel qu'il peut apparaître dans le décours d'une supervision : le patient et le supervisé, le supervisé, le patient et le superviseur, le supervisé et son analyste, le supervisé, le superviseur et l'institution, sans oublier leur transfert-contre-transfert personnel sur la psychanalyse elle-même. Je me centrerai sur la supervision dans le cadre de la formation, car elle concentre les difficultés rencontrées dans le processus.

Le contre-transfert, d'abord reconnu comme empêchant le bon déroulement de la cure psychanalytique, est vu aujourd'hui comme un phénomène beaucoup plus large qui conditionne tout le processus analytique. Pour Freud, le contre-transfert a d'abord été perçu comme un obstacle, et il recommandait de le maîtriser et de le tenir court, comme on tient court les rênes d'un cheval fougueux. Mais il disait aussi de le laisser se déployer, comme le transfert, afin de mieux l'analyser. Il a lié dès le début la question du contre-transfert à la formation et à l'analyse personnelle. Ferenczi ira plus loin et, même s'il s'est fourvoyé dans sa proposition d'analyse mutuelle, il était sur la piste de l'importance du contre-transfert de l'analyste dans la cure. Bien plus tard, avec Paula Heimann, le contre-transfert deviendra un élément indispensable de la cure, son véritable levier. Les différentes conceptualisations du contre-transfert vont évoluer au fil du temps, oscillant entre l'idée qu'il est provoqué par le patient, « tout viendrait du patient », ou au contraire qu'il précéderait le transfert. Sans oublier ce nouveau courant de la psychanalyse où la proposition de dévoiler son contre-transfert au patient prend de l'ampleur. Comment garder la nécessaire asymétrie dans la relation tout en tenant compte au mieux de son contre-transfert, tout en sachant qu'une grande part en est inconsciente ? Telle est la difficile tâche à laquelle va se trouver confronter l'analyste en formation au début de sa pratique. Les mouvements conscients et inconscients qui se déroulent dans l'esprit de l'analyste impliquent non seulement la reviviscence de ses propres conflits infantiles vécus dans son histoire et travaillés dans sa propre analyse, mais aussi la formation, les théories de sa société et les siennes, ses idéaux, tout en tenant compte des aléas de la vie. Dans notre travail quotidien, au cours de supervisions ou de discussions cliniques, nous avons tous l'expérience de repérer les points aveugles de nos collègues bien mieux que les nôtres : quand, tout à coup, ils achoppent sur un mot, ou un passage de séance qui s'efface brusquement, révélant des affects transféro-contre-transférentiels non perçus auparavant. La fonction du transfert et du contre-transfert est l'ouverture à la communication avec l'inconscient, ouverture garantie par la neutralité de l'analyste et de son cadre qui favorisent le retour de l'inconnu, des traumatismes d'avant les mots comme de la problématique œdipienne. L'analyste en formation au début éprouve une certaine peur à imposer le cadre, ressentant confusément, pour l'avoir connu, que c'est l'imposition du cadre par l'analyste qui provoque le transfert, en particulier dans ses dimensions régressives. Mais il perçoit que, de son côté derrière le divan, c'est lui aussi qui ouvre la potentialité régressive du contre-transfert dans ses différentes formes topiques. Comme me le disait une supervisée un jour : « Quand j'étais sur le divan, je me disais que mon analyste devait être bien tranquille, assis là derrière moi… aujourd'hui, je sais combien c'est difficile d'être traversée d'émotions, d'images et de rester ouverte à ce qui arrive dans la séance. »

LA SUPERVISION, LE CONTRE-TRANSFERT ET LA TRANSMISSION

La supervision se trouve à une place toute particulière puisqu'elle est à la fois au niveau du « savoir-faire », le lieu où le jeune analyste va apprendre son métier, mais qu'elle est aussi un « tiers », un garant de la relation du supervisé à son patient, tout en proposant une intimité psychique entre le superviseur et le supervisé qui se rapproche du travail analytique, sans cependant s'y substituer. C'est dire si elle est propice à créer un creuset où se développent des formes imbriquées en poupées russes du contre-transfert chez chacun des protagonistes.

C'est pour moi le lieu le plus complexe mais aussi le plus favorable au développement de l'identité analytique, car s'y jouent de multiples scènes à plusieurs personnages qui vont permettre ou non au processus de supervision de se déployer. La relation avec le superviseur et la façon dont celui-ci construit l'espace de la supervision vont être le point d'ancrage de la possibilité pour le supervisé d'apprendre à construire un espace analytique avec son patient et surtout de s'approprier un mode de fonctionnement psychique réellement psychanalytique, déjà en germe dans l'analyse personnelle mais que la supervision va l'aider à développer.

Un bref moment d'une supervision pour illustrer mon propos

La candidate est en supervision et en formation depuis un an. C'est la séance de reprise après les vacances de la Toussaint, séance où elle me parle donc des séances de sa patiente avant l'interruption.

Dans la séance du jeudi, la patiente évoque la scène suivante d'une manière animée et enjouée : « Elle annonce son mariage à sa mère alors que la famille était rassemblée autour de la table, la mère se lève et part dans la cuisine, la patiente dit à la ronde : "Elle est sûrement partie chercher une bouteille de champagne", mais la mère revient sans rien dire... À la question de la patiente, elle répond qu'elle est allée se laver les mains... Vous vous rendez compte – dit la patiente à l'analyste – elle se lève et va se laver les mains comme Ponce Pilate, sans un mot. »

La candidate s'arrête dans son récit, réfléchit un moment, puis : « Quand la fille annonce son départ j'ai pensé »... Elle se reprend : « Non la mère, non la fille, son mariage... » Elle s'arrête, perplexe. J'interroge : « Son départ ? » La candidate reste, un long moment, silencieuse et moi aussi... Elle ajoute : « Il y a tant de choses qui s'embrouillent pour moi, la fin de mon analyse qui est proche, ma fille qui est partie rejoindre son père à l'étranger, et j'ai pensé : Comment moi en tant que mère me sentirai-je quand elle annoncera son mariage ? »

Puis elle revient à la patiente : « Je suis la mère qui part vers la cuisine ? », me dit-elle sur un ton interrogatif. J'ajoute : « Ce n'est pas très agréable de se sentir comme Ponce Pilate. » La candidate sourit, et après un temps de réflexion enchaîne : « Je dois faire attention avec cette patiente, elle raconte les choses d'une manière tellement drôle et cocasse que je ne sens pas assez sa détresse et son agressivité. »

Nous pouvons voir dans ce bref moment de supervision, grâce à une relation où l'alliance d'apprentissage, comme l'appelait Ludwig Haesler, est suffisamment établie, les différentes scènes apparaître avec fluidité dans les associations : le récit de la séance, la relation de la supervisée avec sa patiente, la relation de la supervisée avec son analyse, la relation de la supervisée avec sa propre fille dans sa vie personnelle et enfin la relation de la supervisée avec son superviseur.

L'impact du matériel de la patiente sur son psychisme et ses émotions est suffisamment fort pour qu'il trouble ses associations dans la supervision et qu'elle porte un regard interrogatif sur elle-même, regard que j'encourage. Puis elle revient avec souplesse au matériel de la patiente. Le moment où je souligne le mouvement agressif de la patiente permet à la supervisée d'approfondir la difficulté qu'elle a à être en contact avec les émotions plus profondes de sa patiente, qui d'ailleurs les masque bien derrière sa manière enjouée de raconter les événements. C'est par le détour avec ses propres émotions dans la séance de supervision qu'elle prend conscience du processus en cours. La confiance dans la relation de supervision est suffisamment bonne pour que la supervisée ne soit pas troublée narcissiquement par son lapsus et ses hésitations, mais les prend comme matériel de réflexion.

LE PROCESSUS DE SUPERVISION ET SES OBSTACLES

La situation n'est pas toujours aussi simple, les obstacles peuvent être nombreux et se situent à différents niveaux, jusqu'à parfois bloquer complètement le processus.

Au niveau de la relation du patient avec le supervisé, nous avons tous fait l'expérience de découvrir peu à peu les liens qui existent entre la problématique du patient, celle du supervisé, sans oublier celle du superviseur, et combien le développement de l'analyse rapportée se rejoue dans le processus de supervision. Si les défenses narcissiques du patient, du supervisé, et parfois du superviseur sont trop fortes, la compréhension du matériel devient floue ou fragmentaire, ou parfois tout simplement impossible.

Au cœur du processus, il y a la relation du superviseur et du supervisé. Le superviseur porte un double regard analytique, sur le patient d'un côté, sur le supervisé de l'autre.

Mais, contrairement à l'analyste, il ne peut pas interpréter directement la problématique du supervisé, son seul recours est d'élaborer cette problématique par rapport au patient. C'est ici que la coloration donnée par l'analyse personnelle est la plus forte : la relation superviseur-supervisé, en plus de l'impact de l'analyse du patient lui-même, peut faire l'objet d'un transfert latéral ou voir surgir des pans entiers du psychisme non élaborés, ou pas assez, dans l'analyse personnelle. Le travail élaboratif avec le matériel du patient tient ici lieu de tiers dans la relation.

Un deuxième exemple d'un moment de supervision

La supervisée est dans sa deuxième année de supervision. Le patient est un homme d'une quarantaine d'années qui est venu à l'analyse pour des états d'angoisse paroxystiques. À la séance de supervision précédente, la supervisée avait eu du mal à entendre la difficulté du patient par rapport à la séparation. Dans ses associations, il était apparu que, d'une part, c'était difficile pour la supervisée de se mettre à la place de l'image négative de sa femme dans le transfert – femme versatile, « elle le prend et le jette à son gré », et intéressée. Mais aussi que cela touchait ses propres difficultés dans son analyse à elle à accepter ses mouvements transférentiels par rapport à la séparation et à la dépendance. La supervision s'était conclue par une réflexion : « Je réalise combien c'est tenace… et que ça m'empêche d'écouter. »

Ce jour-là, le patient n'est pas venu aux deux premières séances de la semaine et arrive à l'heure, mais dans un grand état d'agitation, en expliquant ses absences par les suites du vol de sa voiture. Il reparle de sa femme qui, après avoir décidé de le quitter, s'est réinstallée chez lui sans crier gare, et qui a changé l'organisation de la maison, acheté un nouveau canapé, enlevant l'ancien que, lui, aimait bien, sans lui demander son avis… Il associe sur l'appartement de son père quand sa nouvelle compagne avait enlevé toutes les photos, celles de leur mère, mais aussi les leurs, son frère et lui, plus de photos, plus de traces.

La supervisée me dit qu'elle s'est souvenue en l'écoutant qu'il lui avait raconté qu'à l'âge de 14-15 ans, il avait vécu pendant plus d'un mois chez un ami sans que son père ni sa mère s'en aperçoivent ni ne s'en inquiètent. Il n'était simplement « pas là ». Elle me dit que cette fois elle entendait bien son angoisse face au changement et à l'absence, mais qu'elle ne savait pas quoi dire… Elle le laisse donc continuer sans intervenir.

Il reparle de la visite de l'expert venu pour le vol de sa voiture en exprimant son étonnement à propos de son calme et de son organisation. Il donne un exemple : à un moment, l'expert remplissait des papiers et son stylo s'est retrouvé à court d'encre. Il allait lui passer un Bic pour lui permettre de continuer à écrire, mais l'expert a posément pris une nouvelle cartouche dans son étui, a remplacé celle qui était vide et s'est remis à écrire… il décrit tous les gestes de l'expert avec précision dans leur succession, me souligne la supervisée.

Dans la séance, elle fait une intervention à ce moment-là sur la possibilité d'anticiper, d'anticiper quelque chose qui va s'arrêter tout en assurant la continuité… Il parle de son sentiment douloureux de n'avoir plus de place et des ruptures de liens qu'il a connues. Elle reprend sur l'interruption, mais aussi la reprise en septembre et en association, il évoque le confort du divan, juste avant la fin de la séance.

Le travail contre-transférentiel qu'elle a pu faire lors de la séance de supervision précédente a remobilisé son écoute et l'a rendue plus mobile, sans que pour cela elle n'intervienne prématurément en coupant les associations du patient. Ses associations sont en phase avec les ruptures et la détresse infantile du patient, mais elle choisit, dans un premier temps, de le suivre et d'intervenir par rapport à la continuité, continuité qui lui a fait cruellement défaut dans les investissements, qu'ils soient du côté maternel ou paternel. Après cette élaboration contre-transférentielle, elle avait retrouvé cette écoute, cette réceptivité et disponibilité tant aux productions du patient qu'à ses propres associations qui prend sa forme dans la figure de l'expert qui est calme et organisé, figure rassurante à la fois dans sa dimension paternelle, il vient pour trancher une situation difficile, que maternelle en associant la continuité des « soins ».

Dans ma position de superviseur, il me semble que ma propre réserve, ma propre neutralité est à la fois un modèle et un soutien pour l'élaboration contre-transférentielle que l'analyste a pu réaliser pendant la supervision. Cette image se superpose à celle de l'expert amenée par le patient, expert qui contient le trop d'angoisse lié à une situation clinique difficile.

Mais des difficultés personnelles non élaborées peuvent aussi complètement bloquer le processus surtout si elles sont liées à la confiance en la psychanalyse elle-même.

Une première figure de blocage

La supervision avait bien commencé, l'analyste en formation étant confiant, très fin dans ses perceptions de la patiente mais, à un moment, quelque chose s'est bloqué dans son écoute. Le mari de la patiente l'ayant quittée, celle-ci s'est déprimée peu à peu. Le supervisé est devenu de plus en plus inquiet pour elle, d'autant qu'elle faisait un lien entre le départ de son mari et son travail en analyse. J'essayais de travailler son sentiment de culpabilité avec lui, mais son inquiétude augmentait. À un moment, il a souhaité lui prescrire des antidépresseurs et ne semblait pas pouvoir entendre mes recommandations de ne pas les lui prescrire lui-même mais de lui proposer de consulter un collègue. Finalement, entre deux séances de supervision, il lui fait la prescription. La réponse n'a pas tardé, la patiente a interrompu l'analyse, lui disant qu'elle n'avait plus confiance. Il nous faudra plusieurs séances de supervision pour comprendre ce qui s'était joué pour lui dans ce moment de l'analyse, cette inquiétude et cet acting de sa part. Heureusement, prenant conscience du blocage, il avait repris contact avec son analyste. Ce qui est apparu, c'est un manque de confiance profond dans la psychanalyse, masqué par une idéalisation de sa propre analyse, en se rendant compte qu'il reprochait depuis son adolescence la décompensation psychotique de sa mère à son analyse. C'est donc ce manque de confiance qui a surgi dans l'analyse avec sa patiente quand elle a commencé à se déprimer. Il a agi à ce moment-là comme il pensait inconsciemment que l'analyste de sa mère aurait dû le faire.

Une autre difficulté de la supervision dans le cadre de la formation, c'est sa fonction d'évaluation et donc la place de la supervision dans le cadre institutionnel. L'institution peut être un bon tiers, un garant pour l'un comme pour l'autre, en empêchant une trop grande idéalisation et en fournissant d'autres modèles de fonctionnement. Je pense que nous ne serons jamais assez attentifs au danger représenté par l'idéalisation d'un modèle, quel qu'il soit d'ailleurs, car nous ne sommes jamais loin à ce moment-là de l'idéalisation d'une personne…

Mais l'institution peut aussi être un poids, tant pour le superviseur que pour le supervisé, en inhibant la créativité et l'originalité de leur pensée. Pourtant l'un comme l'autre, superviseur et supervisé, n'échappent pas à la nécessité d'une évaluation. Du côté plus spécifique du superviseur, je pense que sa relation plus ou moins libre et riche avec la théorie psychanalytique est importante, ainsi que son investissement dans la formation, dans ses soubassements inconscients. Sans oublier, pour paraphraser Jean Guillaumin, qu'il y a aussi des « contrebandiers du contre-transfert » dans la supervision, c'est-à-dire des transferts inconscients sur nos propres formateurs et leur généalogie en emboîtement jusqu'à... Freud, qui jouent en sourdine dans nos relations avec nos candidats.

Un exemple de supervision lié à la crainte de l'évaluation

La place de l'évaluation se ressent plus ou moins dans les supervisions, dans les bons cas, elle s'efface presque complètement, mais dans d'autres, elle peut entraver le processus. La supervisée avait plutôt bien commencé son travail en supervision jusqu'au moment où elle a appris qu'une autre analyste en formation avait été arrêtée dans son cursus. Dès ce moment-là, la question de l'évaluation a pris toute la place. Elle a commencé à s'absenter, elle oubliait ses notes, s'opposait à mes essais de compréhension. Nous étions complètement bloquées. Dans ma société, nous avons régulièrement des échanges sur nos supervisions de formation en cours, j'ai donc demandé l'aide de mes collègues. Dans son autre supervision, avec un collègue homme, le blocage était présent mais moins drastique. Finalement, après en avoir parlé dans le groupe des formateurs, je lui ai proposé de changer de superviseur pour lui permettre de continuer son cursus. Quelque temps plus tard, alors que son autre supervision était en cours et qu'elle avait repris une analyse, elle a demandé à me revoir et nous avons pu élaborer ses craintes. Elle m'a dit qu'elle était complètement terrorisée avant chaque supervision au point de venir jusque chez moi, mais de rester dans la rue pendant le temps de la supervision et de retourner chez elle sans parvenir à sonner. En tout, pas moins de deux cents kilomètres, ce qui souligne son angoisse. La crainte de l'évaluation avait fait surgir un Surmoi archaïque dénigrant, non travaillé dans sa première analyse. Ici, c'est le poids de l'institution qui fait surgir des difficultés non élaborées.

LA PERCEPTION DU CONTRE-TRANSFERT PAR LE PATIENT

Enfin, je souhaite attirer l'attention sur un phénomène que nous connaissons bien, mais que nous oublions parfois : c'est la perception par le patient du contre-transfert de son analyste en lien avec la place du superviseur. Il n'est pas rare qu'un patient fasse un rêve, par exemple, où deux analystes l'écoutent ou que quelqu'un d'autre se trouve dans la pièce en plus de son analyste. Tout se passe comme si le patient percevait la place et le rôle du superviseur dans le processus en cours.

Un dernier exemple pour illustrer cette perception du contre-transfert par le patient

Au début de la supervision, cette jeune analyste était impressionnée par son patient qui était ingénieur et qu'elle considérait comme plus intelligent qu'elle. Elle avait tendance à faire des interventions pour lui « montrer » qu'elle avait compris, interventions qu'il s'empressait de dénigrer. Peu à peu, elle a pris confiance dans le processus, et l'analyse se déroulait avec les aléas de toute analyse, mais un processus clair était en cours, abordant le versant œdipien et aussi le soubassement plus archaïque des mouvements transférentiels de son patient. Après quatre ans, nous convenons que je validerai sa supervision avant les vacances d'été. Elle me dit en souriant : « Je pensais que vous n'alliez pas me lâcher ! » La supervision a été validée comme prévu. Mais en septembre, elle me recontacte, un peu affolée : son patient a décidé d'arrêter l'analyse, il veut revoir son ancien analyste, « plus expérimenté », selon lui. Je la revois donc assez rapidement, ayant déjà une intuition de ce qui pouvait se jouer. Le jour de la supervision, je la retrouve déjà rassurée, ayant fait un bout de chemin de son côté. Effectivement, elle s'est sentie « lâchée » par la fin de la supervision même si elle la souhaitait. Le patient l'a ressentie plus insécure et a voulu lui « montrer » qu'il avait besoin d'un analyste plus expérimenté, réveillant la difficulté qu'elle avait surmontée pendant la supervision. La fin de sa supervision la laissait avec la question : vais-je me débrouiller toute seule ? Nous pouvons imaginer que le patient a senti qu'elle était fragilisée, mais aussi, en allant voir un tiers, n'a-t-il pas aussi pointé qu'il avait aussi perçu l'absence du superviseur ? Ayant retrouvé confiance, l'analyste a pu interpréter la mise à l'épreuve et l'analyse a repris son cours.

EN CONCLUSION

Les difficultés et la complexité du déploiement du processus de supervision sont bien réelles, mais soulignent aussi la richesse de ce processus de transmission si particulier. Il y a souvent un moment où nous percevons, avec une certaine émotion, un tournant dans la supervision, même si cette position est encore fragile, une transformation avec un saut dans la qualité du fonctionnement psychique propre à l'analyse, tournant qui se traduit par une pensée simple : « Voilà, c'est un analyste. » La liberté associative, la souplesse de son fonctionnement dans les différents registres, la capacité à tolérer la passivité et la régression formelle, d'accepter et d'utiliser ses mouvements contre-transférentiels nous font toucher la transformation qui s'est opérée au cœur même du processus de supervision. Bien sûr, cette transformation ne se fait pas d'une manière linéaire, les à-coups, les crises, les moments de régression sont souvent au rendez-vous, mais ce saut franchi est un pas décisif dans l'intégration du métier et de l'identité d'analyste.

Ouvrages parus dans la collection « Débats en psychanalyse »

L'enfant en psychanalyse, sous la direction de Marie-Laure Léandri, Françoise Gerstlé-Moggio, Paul Denis, 2024.

Les psychanalystes à l'épreuve du temps présent, sous la direction de Jacques Angelergues, Dominique Bourdin, Anne Tirilly, 2023.

La distance, sous la direction de Charlotte Costantino, Hélène Parat, Anaïs Restivo-Martin, 2023.

Désillusion, sous la direction de Dominique Bourdin, Françoise Cointot, Anne Tirilly, 2023.

Le corps en séance, sous la direction de Anne Maupas et Marie Sirpacq, 2022.

L'émotion, sous la direction de Marie-Laure Léandri, Hélène Suarez-Labat, 2022.

Planète en détresse. Fantasmes et réalités, sous la direction de Dominique Bourdin, Dominique Tabone-Weil, 2022.

Le sexe de l'analyste, sous la direction de Françoise Cointot, Marie-Laure Léandri, 2021.

Mémoires : se souvenir, oublier, sous la direction de Jacques Angelergues, Françoise Cointot, Hélène Parat, 2021.

La latence, période et processus, sous la direction de Jacques Angelergues, Claire Maurice, Anne Tirilly, 2021.

L'accueil de l'autre, sous la direction de Charlotte Costantino et Laurent Danon-Boileau, 2020.

Amour, sous la direction de Marie-Laure Léandri et Hélène Parat, 2020.

Excitation, sous la direction d'Isabelle Martin-Kamieniak et Félicie Nayrou, 2020.

Trois séances par semaine ?, sous la direction d'Évelyne Chauvet, 2019.

Maternités, sous la direction de Sylvain Missonnier et Hélène Parat, 2019.

Crises et ruptures, sous la direction collective du comité des Débats en psychanalyse, 2019.

Le symptôme, sous la direction de Charlotte Costantino, Kalyane Fejtö, Roland Havas, 2018.

La psychanalyse est-elle mortelle ?, sous la direction de Laure Bonnefon-Tort, Anne Maupas, Dominique Tabone-Weil, 2018.

Penser l'agir, sous la direction de Jacques Bouhsira, Charlotte Costantino, Marie-Laure Léandri, 2018.

Psychanalyse et terrorisme. L'effroi peut-il s'élaborer ?, sous la direction d'Évelyne Chauvet, Laurent Danon-Boileau, 2017.

La psychosomatique, sous la direction de Félicie Nayrou, Gérard Szwec, 2017.

Ouvrages parus dans la collection « Monographies et débats de psychanalyse »

L'originaire et l'archaïque, Jacques Bouhsira, Sylvain Missonnier (dir.).
Le principe de plaisir, Jacques Angelergues, Françoise Cointot (dir.).
Destins de la libido, Hélène Parat, Jacques Angelergues, Michèle Emmanuelli (dir.).
Le meurtre fondateur, Bernard Cherver (dir.).
La sexualité masculine, Martine Janin-Oudinot, Marie-Claire Durieux, Laurent Danon-Boileau (dir.).
La destructivité chez l'enfant, Aline Cohen de Lara, Laurent Danon-Boileau (dir.).
Pourquoi la règle ?, Bernard Chervet, Jean-Luc Donnet (dir.).
Le bébé en psychanalyse, Myriam Boubli, Laurent Danon-Boileau (dir.).
La sexualité féminine, Guy Cabrol, Michèle Emmanuelli, Félicie Nayrou, Hélène Parat (dir.).
La consultation psychanalytique, Jacques Boushira, Martine Janin-Oudinot (dir.).
L'interprétation, Bernard Chervet (dir.).
La dépression, Guy Cabrol, Marie-Claire Durieux, Hélène Parat (dir.).
Le fétichisme, Denise Bouchet-Kervella, Martine Janin-Oudinot, Jacques Bouhsira (dir.).
L'éthique du psychanalyste, Bernard Chervet, Jean-Michel Porte (dir.).
La compulsion de répétition, Bernard Chervet (dir.).

Nosographie psychanalytique, Jacques Boushira, Laurent Danon-Boileau (dir.).

L'inconscient freudien, recherche, écoute, métapsychologie, Gérard Bayle (dir.).

Les idéaux, Guy Cabrol, Hélène Parat, Claude Janin (dir.).

Inquiétante étrangeté, Laurent Danon-Boileau (dir.).

Transgression, Jacques Bouhsira, Sylvie Dreyfus-Asséo, Marie-Claire Durieux, Claude Janin (dir.).

Figures de la projection, Marie-Claire Durieux, Martine Janin-Oudinot (dir.).

Le refoulement, Jacques Boushira, Laurent Danon-Boileau, Claude Janin (dir.).

Avancées de la psychanalyse, Paul Denis, Bernard Chervet, Sylvie Dreyfus-Asséo (dir.).

La recherche en psychanalyse, Michèle Emmanuelli, Roger Perron (dir.).

Actualité de l'Œdipe, Guy Cabrol, Félicie Nayrou, Hélène Parat.

Le rêve et la séance, Bernard Chervet, Christine Jean-Strohic (dir.).

Interdit et tabou, Marie-Claire Durieux, Félicie Nayrou, Hélène Parat (dir.).

Ambivalence : l'amour, la haine, l'indifférence, Michèle Emmanuelli, Ruth Menahem, Félicie Nayrou (dir.).

La haine : haine de soi, haine de l'autre, haine dans la culture, Alain Fine, Félicie Nayrou, Georges Pragier (dir.).

Ouvrages parus dans la collection « Monographies de psychanalyse de la Revue française de psychanalyse »

Le traumatisme psychique : organisation et désorganisation, Françoise Brette, Michèle Emmanuelli, Georges Pragier (dir.).
L'affect, Jacques Bouhsira, Hélène Parat (dir.).
Winnicott insolite, Jacques Bouhsira, Marie-Claire Durieux (dir.).
Caractères, Jacques Bouhsira, Sylvie Dreyfus-Asséo, Alain Fine (dir.).
Quelle guérison, quelle normalité ?, Claude Janin, Diane L'Heureux Le Beuf, Georges Pragier (dir.).
Identifications, Laurent Danon-Boileau, Alain Fine, Steven Wainrib (dir.).
Le narcissisme, Marie-Claire Durieux, Claude Janin (dir.).
Freud, le sujet social, Annick Le Guen, Georges Pragier, Ilana Schimmel (dir.).
Fixation, régression, Sylvie Dreyfus-Asséo, Diane L'Heureux Le Beuf (dir.).
Sur les controverses américaines dans la psychanalyse, Marie-Claire Durieux, Alain Fine (dir.).
Hystérie, Annick Le Guen, Annie Anargyros-Klinger, Claude Janin (dir.).
Interprétation : t. 1 : un processus mutatif, Georges Pragier, Louise de Urtubey, Steven Wainrib (dir.).
Transferts, Laurent Danon-Boileau, Diane L'Heureux Le Beuf, Georges Pragier (dir.).
Interprétation : t. 2 : aux sources de l'interprétation : le contre-transfert, Louise de Urtubey, Georges Pragier (dir.).

Psychoses : t. 3 : pratiques, Josiane Chambrier-Slama, Roger Perron, Victor Souffir (dir.).

Psychoses : t. 2 : aux frontières de la clinique et de la théorie, Josiane Chambrier-Slama, Roger Perron, Victor Souffir (dir.).

Psychoses : t. 1 : théorie et histoire des idées, Josiane Chambrier-Slama, Roger Perron, Victor Souffir (dir.).

Construire l'histoire, Diane L'Heureux Le Beuf, Roger Perron, Georges Pragier (dir.).

Créations, psychanalyse, Annie Anargyros-Klinger, Ilana Schimmel, Steven Wainrib (dir.).

Peurs et phobies, Alain Fine, Annick Le Guen, Agnès Oppenheimer (dir.).

Bisexualité, Alain Fine, Diane L'Heureux Le Beuf, Annick Le Guen (dir.).

Cliniques psychosomatiques, Gérard Le Gouès, Georges Pragier (dir.).

Le moi et son angoisse : entre pulsion de vie et pulsion de mort, Benno Rosenberg.

Angoisse : pluralité d'approche : t. 2, Nadine Amar, Annick Le Guen, Agnès Oppenheimer (dir.).

Scènes originaires, Gérard Le Gouès, Roger Perron (dir.).

L'hypocondrie, Marilia Aisenstein, Alain Fine, Georges Pragier (dir.).

Sandor Ferenzci (1873-1933), Thierry Bokanovski, Kathleen Lainé Kelley, Georges Pragier (dir.).

Le double, Catherine Couvreur, Alain Fine, Annick Le Guen (dir.).

Surmoi : t. 2 : les développements post-freudiens, Nadine Amar, Gérard Le Gouès, Georges Pragier (dir.).

Surmoi : t. 1 : le concept freudien et la règle fondamentale, Jean-Luc Donnet.

Psychanalyse et préhistoire, Alain Fine, Roger Perron, François Sacco (dir.).

Le deuil, Nadine Amar, Catherine Couvreur, Michel Hanus (dir.).

Les troubles de la sexualité, Alain Fine, Annick Le Guen, Agnès Oppenheimer (dir.).

Autismes de l'enfance, Roger Perron, Denys Ribas (dir.).

La psychanalyse et l'Europe de 1993, Gilbert Diatkine, Gérard Le Gouès, Ilana Schimmel (dir.).

La névrose obsessionnelle, Bernard Brusset, Catherine Couvreur (dir.).
Angoisse et complexe de castration, Annick Le Guen, Agnès Oppenheimer, Roger Perron (dir.).
Masochisme mortifère et masochisme gardien de la vie, Benno Rosenberg, Claude Le Guen (préf.).
La boulimie, Bernard Brusset, Catherine Couvreur (dir.).
La psychanalyse : questions pour demain, Ilana Schimmel (dir.).

Ouvrages parus dans la collection «Débats de psychanalyse»

Le conflit psychique, Bernard Chervet, Laurent Danon-Boileau, Marie-Claire Durieux (dir.).

Interpréter le transfert, Félicie Nayrou, Georges Pragier (dir.)

La vie amoureuse, Jean Cournut, Marie-Claire Durieux, Michèle Emmanuelli, Félicie Nayrou (dir.).

Pratiques de la psychanalyse, Jean Cournut, Jacqueline Schaeffer (dir.).

Sectes, Paul Denis, Jacqueline Schaeffer (dir.).

Clés pour le féminin : femme, mère, amante et fille, Jacqueline Schaeffer, Monique Cournut Janin, Sylvie Faure-Pragier (dir.).

Psychothérapies psychanalytiques, Gilbert Diatkine, Jacqueline Schaeffer (dir.).

Interrogations psychosomatiques, Alain Fine, Jacqueline Schaeffer (dir.).

Le mal-être : angoisse et violence, Jean Cournut, Paul Israël, Augustin Janneau, Jacqueline Schaeffer (dir.).

Psychanalyse, neurosciences, cognitivismes, Catherine Couvreur, Agnès Oppenheimer, Roger Perron, Jacqueline Schaeffer (dir.).

Cet ouvrage a été composé par Soft Office
à Eybens (38)

PEFC
10-31-3532
Par nos approvisionnements en papier certifié PEFC, nous soutenons la gestion forestière durable au niveau mondial
www.pefc-france.org

Imprimé en France sur papiers
issus de forêts gérées durablement

Sepec Numérique

1, rue de Prony - ZA des Bruyères
01960 Peronnas

IMPRIM'VERT®

Achevé d'imprimer en mai 2024
Numéro d'impression : N17932240490